Guy Serge José MAKOUEZI

LE MYSTERE SUR LA NAISSANCE DES HUMAINS

Guy Serge José MAKOUEZI

LE MYSTERE SUR LA NAISSANCE DES HUMAINS

révélé à l'église

Éditions Croix du Salut

Imprint

Any brand names and product names mentioned in this book are subject to trademark, brand or patent protection and are trademarks or registered trademarks of their respective holders. The use of brand names, product names, common names, trade names, product descriptions etc. even without a particular marking in this work is in no way to be construed to mean that such names may be regarded as unrestricted in respect of trademark and brand protection legislation and could thus be used by anyone.

Cover image: www.ingimage.com

Publisher:
Éditions Croix du Salut
is a trademark of
Dodo Books Indian Ocean Ltd. and OmniScriptum S.R.L publishing group

120 High Road, East Finchley, London, N2 9ED, United Kingdom
Str. Armeneasca 28/1, office 1, Chisinau MD-2012, Republic of Moldova, Europe
Printed at: see last page
ISBN: 978-620-6-17082-2

Copyright © Guy Serge José MAKOUEZI
Copyright © 2024 Dodo Books Indian Ocean Ltd. and OmniScriptum S.R.L publishing group

LE MYSTERE SUR LA NAISSANCE DES HUMAINS

Le Prophète

MAKOUEZI Guy Serge José

Le monde est composé de plusieurs êtres vivants qui peuplent la terre. Et comme la science divine le veut, un être est dit vivant ; lorsqu'il a en lui les trois parties suivantes en union : L'esprit, l'âme et le corps. Et, selon la science de l'homme ; c'est lorsqu'il remplit des fonctions vitales. C'est-à-dire ; qu'il respire, se nourrit, et se reproduit. Il y'a cependant, une grande distinction parmi les êtres vivants. Ainsi ils peuvent être repartis en familles. Pour cela ; il y a des humains, des animaux, des oiseaux, des poissons, et des plantes. Et donc, pour ne pas faire de cette révélation tout un cours consacré à la nature ; il est important de s'intéresser sur ce qui est essentiel. Et ce qui est essentiel ici ; c'est cette famille d'humains. Et, c'est ce qui devra être vu ! Mais toutefois, il est aussi utile de savoir que, dans leur reproduction ; tous les êtres vivants ne se reproduisent pas de la même façon. Il y a donc deux sortes de reproductions : La reproduction sexuée ; celle qui intervient par l'accouplement des deux sexes opposés, et cela se passe par la libération des gamètes, lesquelles vont fusionner, pour donner existence à un autre être ou à d'autres êtres.

Et la reproduction asexuée ; celle qui ne nécessite pas l'apport de deux sexes opposés. Telle est celle de certaines sortes de plantes. Elle se fait soit par bourgeonnement, bouturage, etc.

Et dans ce type de reproduction sexuée ; il y'a des accouchements par naissance, et par éclosion. C'est-à-dire ; qu'il y a pour une catégorie, la grossesse puis la naissance ; et pour l'autre ; l'œuf pondu, puis l'éclosion de l'œuf. C'est donc de ces différentes manières que les êtres vivants se multiplient pour peupler le monde, selon leurs natures. De même, chaque famille des êtres vivants a un espace de vie qui lui est propre, et donc naturel.

Et enfin ; parmi tous les êtres vivants ; les humains sont ceux qui se distinguent le plus. Et cela, grâce à la faculté de réflexion dont ils font usage, et laquelle produit en eux une distinction caractéristique, les uns des autres. Et donc, à l'égard des autres ; les humains sont des êtres supérieurs, au-dessus de tout le reste. C'est pourquoi, ce qui nous concernera ; ce sont les HUMAINS.

LES ETRES HUMAINS

Les êtres humains, ce sont des êtres qui se distinguent du reste des êtres vivants par le fait de leur forme morphologique (ou physique), ils ont un langage, et dotés de capacité de réflexion ; mais aussi, par le genre de sa peau. L'être humain est maître de tous les êtres vivants. Car, le reste des êtres vivants agissent selon un caractère inné : « L'instinct ». Ils n'ont ni langage, ni la forme des humains. Et tout cela, c'est parce qu'il est doté d'un esprit, dans lequel sont logées un certain nombre de capacités intelligibles et autres. Ainsi selon la Bible, l'être humain est l'image et la ressemblance de son Créateur. Et, c'est ce qui est écrit dans le livre de la Genèse 1v26-27 :

" Puis Dieu dit : Faisons l'homme à notre image, selon notre ressemblance, et qu'il domine sur les poissons de la mer, sur les oiseaux du ciel, sur le bétail, sur toute la terre, et sur tous les reptiles qui rampent sur la terre. Dieu créa l'homme à son image, il le créa à l'image de Dieu, il créa l'homme et la femme. "

C'est pourquoi, dans le ciel, ou dans les cieux ; les autres êtres appelaient l'homme, par « fils de Dieu ». C'est ainsi qu'Adam fut connu. Et, c'est ce qu'on peut lire dans le livre de Luc 3v23 :

" Jésus avait environ trente ans lorsqu'il commença son ministère, étant, comme on le croyait, fils de Joseph, fils d'Héli, ... Fils d'Énos, fils de Seth, fils d'Adam, fils de Dieu. "

Nous devons retenir, que les anges ne sont pas les fils de Dieu, même si, ils sont des esprits. Lui n'a jamais appelé un ange ; son fils ! On peut le lire dans le livre des Hébreux 1v5 :

" Car auquel des anges Dieu a-t-il jamais dit : Tu es mon Fils, je t'ai engendré aujourd'hui ?
Et encore : Je serai pour lui un père, et il sera pour moi un fils ? Et lorsqu'il introduit de nouveau dans le monde le premier-né, il dit : Que tous les anges de Dieu l'adorent ! "

Il est vrai que, certains Ecrivains de la Bible ont eu à employer pour des anges l'expression « fils de Dieu » ; mais cela ne donne pas aux anges, le pouvoir de devenir enfant de Dieu.

C'est l'Ecrivain de la Genèse, d'une part :

Voir Genèse 6v1,2 : " Lorsque les hommes eurent commencé à se multiplier sur la face de la terre, et que des filles leur furent nées, les fils de Dieu virent que les filles des hommes étaient belles, et ils en prirent pour femmes parmi toutes celles qu'ils choisirent. "

Ces anges à qui, Dieu avait fait porter un corps, pour une mission très spécifique ; celui de jouer momentanément le rôle que jouait Adam, lorsqu'il était en vie, celui de maintenir la justice. Et cela, jusqu'à ce qu'un autre leader, en remplacement d'Adam soit introduit dans le monde. Et, ce successeur d'Adam sera donc Noé.

Et aussi, l'Ecrivain du livre de Job, lui de même, avait utilisé l'expression « fils de Dieu », pour les anges. Mais cela ne vient pas de Dieu, lui-même ! Car, il est dit, que Dieu dit n'avoir jamais appelé un ange : Mon fils !

Voir Job 1v6 : " Or, les fils de Dieu vinrent un jour se présenter devant l'Éternel, et Satan vint aussi au milieu d'eux. "

Et aussi, Job 2v1 : " Or, les fils de Dieu vinrent un jour se présenter devant l'Éternel, et Satan vint aussi au milieu d'eux se présenter devant l'Éternel. "

N.B : Ces passages bibliques qui attribuent aux anges, l'appellation de fils de Dieu ; ces expressions ne sont points employées par Dieu, lui-même !

Et, il est important de faire la différence entre les humains et les anges ! Pour l'homme, étant créé à l'image de Dieu ; il peut par-là, être appelés fils de Dieu. Et, cela se manifeste dans ce monde, lorsqu'il met en pratique la parole de Dieu.

Voir Jean 1v1,12,13 : " Au commencement était la Parole, et la Parole était avec Dieu, et la Parole était Dieu. Mais à tous ceux qui l'ont reçue, à ceux qui croient en son nom, elle a donné le pouvoir de devenir enfants de Dieu, lesquels sont nés, non du sang, ni de la volonté de la chair, ni de la volonté de l'homme, mais de Dieu. "

Les êtres humains, une fois qu'ils ont cru à la parole de Dieu ; ils deviennent du coup des dieux. Car, tout enfant de Dieu est forcément dieu. Satan l'avait dit à la femme, dans le jardin d'Eden. Il est vrai qu'il l'avait simplement menti quelque part, dans le but de l'emmener à manger l'interdit. En fait, ils étaient déjà comme des dieux, ou des dieux du fait d'avoir été créés à l'image et la ressemblance de Dieu. Et cela, devant tous les êtres qui étaient dans le jardin. Mais, après avoir mangé le fruit interdit ; au lieu de devenir comme des dieux, d'après les paroles ou l'enseignement du serpent ; ils étaient devenus nus, donc comme lui !   Car, ils vont perdre leur première identité. Mais au moins, Satan le savait for bien ; que ces êtres sont des dieux ! Mais, eux-mêmes, ne le savaient pas.

Voir Genèse 3v5-7 : " mais Dieu sait que, le jour où vous en mangerez, vos yeux s'ouvriront, et que vous serez comme des dieux, connaissant le bien et le mal. La femme vit que l'arbre était bon à manger et agréable à la vue, et qu'il était précieux pour ouvrir l'intelligence ; elle prit de son fruit, et en mangea ; elle en donna aussi à son mari, qui était auprès d'elle, et il en mangea. Les yeux de l'un et de l'autre s'ouvrirent, ils connurent qu'ils étaient nus, et ayant cousu des feuilles de figuier, ils s'en firent des ceintures. "

Mais, en toute vérité ; lorsqu'un être humain met la parole de Dieu en pratique ; il devient un dieu. Tel, il est écrit dans le livre de Jean 10v34,35 :

" Jésus leur répondit : N'est-il pas écrit dans votre loi : J'ai dit : Vous êtes des dieux ? Si elle a appelé dieux ceux à qui la parole de Dieu a été adressée, et si l'Écriture ne peut être anéantie. "

L'Eternel avait dit à Moïse : « Je te ferai dieu devant Pharaon ».

Voir Exode 7v1 : " L'Éternel dit à Moïse : Vois, je te fais Dieu pour Pharaon : et Aaron, ton frère, sera ton prophète. "

Ainsi, par rapport à tout ce qui vient d'être démontré ; on peut fidèlement croire, que l'être humain peut devenir un « fils de Dieu » ; donc et un dieu.

L'ORIGINE DES HUMAINS ET LEUR LIEU DE VIE

Les êtres humains tirent leur existence de deux façons ; c'est-à-dire, qu'ils tirent leur existence de deux natures. C'est pourquoi, en eux se trouvent trois parties spécifiques.

Deux parties sont constituées d'une nature spirituelle. Il s'agit donc de l'esprit et de l'âme.

Une partie est physique ; c'est le corps humain.

Ainsi, un être humain ; c'est cette composition-là, de deux natures spirituelles et d'une nature physique.

Les humains ont été créés par une décision ou une initiative indépendante d'eux-mêmes.

Puisqu'ils n'avaient pas pris existence par eux-mêmes ; donc la majorité absolue ou la quasi-totalité des humains sont ceux-là qui ne savent pas, pourquoi existent-ils ! Ainsi, de lui-même, l'homme ne peut pas réellement définir les raisons de son existence, s'il n'y a personne qui le lui fait savoir. Car, l'homme pense qu'il se trouverait dans un monde qui a pris existence par pur hasard. Ainsi, il est libre de mener sa vie comme bon lui semblerait. Mais aussi, plusieurs pensées lui traversent la tête, lorsqu'il s'affronte à un certain nombre de réalités inexplicables. Et, du fait qu'il n'en trouve pas souvent des explications satisfaisantes ; ils se livrent à leurs penchants. Ils sont en majorité, ceux qui ne savent pas à quoi sert la vie de l'homme sur terre. Aussi, ils doutent parfois de l'hypothèse selon laquelle, ils sont l'œuvre d'un certain Créateur. Sachant tout simplement qu'ils sont nés d'un homme et d'une femme ; et donc, leurs dieux ; ce sont ces deux êtres. Et, du côté de ces deux soient disant dieux ; le même problème se pose. Alors, lorsqu'on a des dieux mortels ; est-ce un danger, ou un avantage ? Mais, ce qui est ou qui reste vrai ; est que l'homme existe à partir de la déclaration suivante : « Faisons l'homme à notre image, à notre ressemblance ! » Cette déclaration se trouve dans le livre de la Genèse 1v26 :

"Puis Dieu dit : Faisons l'homme à notre image, selon notre ressemblance…"

Ainsi, ce projet n'a rien à avoir avec l'être humain qui existe, sans savoir pourquoi, existe-t-il !
Mais, Dieu qui seul connait pourquoi l'homme existe. Et, pourquoi l'avait-il donné d'exister. Mais, l'homme lui-même, est dans la confusion de tout cela. Et, tant qu'on ne le lui apportera pas la connaissance en la question ; l'homme restera dans son ignorance ; ainsi que dans ses imaginations.

Au commencement, lorsque dans la Bible, on parle de la création de l'homme ; il est seulement mentionné d'un jardin, ou une espèce de forêt, où devait se trouver toute la création.

Et, il faudrait, pour bien comprendre ; se poser la question suivante :

Où devait se trouver ce jardin ?

Et, la réponse à cette question pourrait permettre que la continuité soit claire. Alors, en examinant quelques-uns des passages bibliques tels que :

- Voir Jean 6v63 : " C'est l'esprit qui vivifie ; la chair ne sert de rien. Les paroles que je vous ai dites sont esprit et vie. "

Ce passage nous montre ; que c'est l'esprit qui donne la vie. Et, les paroles de Dieu sont esprit. Mais encore :

- Voir Jean 1v1,2 : " Au commencement était la Parole, et la Parole était avec Dieu, et la Parole était Dieu. Elle était au commencement avec Dieu. Toutes choses ont été faites par elle, et rien de ce qui a été fait n'a été fait sans elle. "

Cette parole qui est Esprit ; cette parole ; c'est aussi elle, Dieu. C'est avec elle que tout a eu existence. Car, dans la création, Dieu avait tout simplement demandé par exemple : Que l'homme soit !

Voir Romains 4v17 : " Je t'ai établi père d'un grand nombre de nations. Il est notre père devant celui auquel il a cru, Dieu, qui donne la vie aux morts, et qui appelle les choses qui ne sont point comme si elles étaient. "

Et, cela se confirme dans l'épître deuxième de Pierre.

Voir 2 Pierre 2v3v5 : " Ils veulent ignorer, en effet, que des cieux existèrent autrefois par la parole de Dieu, de même qu'une terre tirée de l'eau et formée au moyen de l'eau. "

Ainsi, pour mieux comprendre tout cela ; c'est que la parole de Dieu est esprit. Et, la déclaration de la première existence de l'homme, donna lieu à un homme entant qu'être invisible, dans le monde invisible. Alors, l'homme au commencement, était invisible. Donc, une âme.

Le jardin ne se trouverait pas sur la terre. Car, il n'y a nulle part dans le monde où, on pourrait dire : « Voici le jardin de Dieu ! » ou, « le jardin de Dieu était ici ! »
Ainsi, à vrai dire ; l'homme n'était pas sur la terre au commencement, mais plutôt au ciel. C'est-à-dire ; dans les lieux invisibles.

L'homme était au ciel, il existait en esprit, entant qu'âme ; sans corps humains. Le premier monde de l'homme n'était pas physique ; elle était invisible, et donc spirituel.

L'homme étant l'image et la ressemblance de Dieu, il était comme Dieu. Lorsque l'homme fut créé ; la terre existait déjà. Mais elle n'était pas encore, ni habitée par les humains, ni par les autres êtres vivants. Et donc, au départ, l'homme ne vivait pas sur la terre. Ainsi que tout son environnement.

"Voici les origines des cieux et de la terre, quand ils furent créés. Lorsque l'Eternel Dieu fit une terre et des cieux, aucun arbuste des champs n'était sur

la terre, et aucune herbe des champs ne germait encore : Car l'Eternel Dieu n'avait pas fait pleuvoir sur la terre, et il n'y avait point d'homme pour cultiver le sol.'' (Genèse 2v4,5)

Donc l'homme ne vivait pas sur la terre. Mais, dans les lieux invisibles, donc dans les cieux. Et, la terre était inhabitée, et donc vide. C'est pourquoi ; l'on doit tout d'abord voir et connaitre ce que fut l'homme dans les cieux. Toutefois, pour des raisons de précision ; l'homme vivait dans le ciel. Et, la terre était inhabitée, ni par les oiseaux, les arbres ou les herbes, ni par aucun animal de la forêt, etc.

L'HOMME DANS LES CIEUX ET SON ENVIRONNEMENT

L'homme dans les cieux n'était pas seul. Il avait tout un environnement, qui l'accompagnait, qui était avec lui. Cet environnement était constitué : Des plantes, des animaux aquatiques et non aquatiques, des oiseaux dans leur diversité, et des poissons d'eaux, etc. Ils avaient tous une joyeuse vie, en parfaite harmonie. Et l'homme était un chef, le maître sur tous ces êtres de la création invisible de Dieu ; ou de la première création habitée. Comme on peut lire dans le livre de la Genèse 1v26 :

'' Puis Dieu dit : Faisons l'homme à notre image, selon notre ressemblance, et qu'il domine sur les poissons de la mer, sur les oiseaux du ciel, sur le bétail, sur toute la terre, et sur tous les reptiles qui rampent sur la terre.''

Dans les cieux ; il y'avait des arbres, des herbes, des eaux, des poissons, des oiseaux, un ciel, une terre, des animaux, des reptiles, etc. Et l'homme était maître sur tout cela. L'homme et la femme n'étaient pas deux êtres séparés ; mais un seul être. Ils étaient ensembles. C'est-à-dire qu'ils faisaient tout ensemble. Ils se déplaçaient ensemble. C'est-à-dire, deux êtres dans un seul corps invisible. Et, ils n'avaient pas des sexes. Sachant qu'en esprit ; les réalités sont différentes à celles de la terre, à celles qui sont physiques. C'est même la raison que l'homme avancera auprès de l'Eternel Dieu, après sa chute. Dit-il : « C'est la femme que tu as mise auprès de moi ! »

Or, être mise auprès, peut-être encore interprété de la manière suivante : « C'est la femme que tu as mise avec moi ! » ou encore : « C'est la femme que tu as mise à mes côtés ! » Tel qu'il est donc écrit dans le livre de la Genèse 3v12 :

" L'homme répondit : La femme que tu as mise auprès de moi m'a donné de l'arbre, et j'en ai mangé. "

Alors, c'est ce qui fera qu'à la création ; les deux se trouvent dans un seul corps. Voilà, le pourquoi de la séparation, en deux êtres de sexes opposés. Tel, il est écrit dans le livre de la Genèse 2v21-22 :

"Alors l'Eternel Dieu fit tomber un profond sommeil sur l'homme, qui s'endormi ; il prit une de ses côtes, et referma la chair à sa place. L'Eternel Dieu forma une femme de la côte qu'il avait pris de l'homme, et il l'amena vers l'homme."

Lorsque Dieu avait créé l'être humain dans la Genèse 2v7 ; c'est-à-dire, après avoir péché dans les cieux, dans le jardin, où ils étaient ensemble ; les êtres qui deviendront des humains, n'était qu'un seul homme.

"L'Eternel Dieu forma l'homme de la poussière de la terre, il soufflât (ou fit entrer) dans ses narines un souffle de vie (âme) et l'homme devint un être vivant (un humain)."

Comment se fait-il, qu'il ouvre la chair, et y tire une partie (ou os), pour former Avec, un autre être : Une femme ?

C'est simple !

C'est-à-dire ; c'est la même chose qui est dit plus haut. Ils formaient un seul être en esprit. Ils vivaient ensemble, se déplaçaient ensemble, etc. C'est pourquoi ; lorsque Dieu fit exister tous les êtres dans des corps physiques ou terrestres (cette terre-ci) ; il mit l'homme et la femme ensemble, dans un même corps.

Puis, après avoir tout créé, donc après Adam, il sortit l'autre être humain, et lui donna une forme différente de celle du premier corps de l'être humain d'avant. C'est-à-dire qu'il les sépara, de façon qu'ils ne soient plus comme ils étaient jadis en esprit. Ainsi, ils sont désormais deux personnes, mais avec des sexes différents. L'un, un sexe intérieur et un autre, un sexe extérieur. Et donc, c'était par rapport à cette différence que, l'un déclare : « Voici cette fois-ci, celle qui est comme moi ! » Comme on pourrait le lire dans le livre de la Genèse 2v22-23 :

"... Il l'amena vers l'homme. Et l'homme dit : Voici cette fois celle qui est l'os de mes os et chair de ma chair (terme qui veut dire : Même forme

squelettique, et même genre de chair que moi) ! On l'appellera femme, parce qu'elle a été prise de l'homme.''

Au ciel, les deux étaient ensemble. Et, ils ne seront séparés qu'à la nature physique. C'est-à-dire après qu'ils aient eu des corps physiques. Ayant donc compris ces choses ; l'on peut donc continuer avec l'homme dans les cieux.

N.B : Les esprits donc n'ont pas des sexes. C'est ce qui fait qu'un esprit n'a point besoin d'une femme. Et, il ne peut réaliser un rapport sexuel. Car, il n'y a point de femmes et d'homme en esprit. On peut voir cela dans le livre de Luc 20v34-36 :

'' Jésus leur répondit : Les enfants de ce siècle prennent des femmes et des maris ; mais ceux qui seront trouvés dignes d'avoir part au siècle à venir et à la résurrection des morts ne prendront ni femmes ni maris. Car ils ne pourront plus mourir, parce qu'ils seront semblables aux anges (c'est-à-dire : asexués), et qu'ils seront fils de Dieu, étant fils de la résurrection. ''

On n'a jamais entendu dire ; qu'il y aurait eu un ange mâle, ou un ange femelle. C'est d'ailleurs pour cela ; qu'on n'a jamais entendu dire : Que l'archange Michel était marié, ou la femme de l'ange Gabriel a accouché, etc. Ce sont les corps physiques qui portent ces formations d'apparences externes. De-même qu'un esprit ne peut porter des habits physiques ; les esprits ne peuvent rien faire de la nature physique. Et, les corps des cieux n'ont pas les mêmes formes que les corps de la terre.

Voir 1 Corinthiens 15v 40 : '' Il y a aussi des corps célestes et des corps terrestres ; mais autre est l'éclat des corps célestes, autre celui des corps terrestres. ''

Ce passage montre bien que, les corps qui étaient au ciel n'étaient pas les mêmes avec ceux de cette terre.

On peut alors passer à la suite.

L'HOMME AVEC UN CORPS SAIN

L'homme et la femme entant que des âmes, étaient créés à l'image et à la ressemblance Dieu.

''Dieu créa l'homme à son image, il le créa à l'image de Dieu, il créa l'homme et la femme.'' (Genèse 1v27)

L'homme étant une âme ; c'est qui fait la différence entre les anges et les humains. Les anges sont des esprits seulement ; pas autres choses. Mais, l'humain, au départ était sans esprit et sans corps. Donc, l'humain était un ensemble de sentiments, et des affections. Tandis que, l'esprit ; c'est ce qui forme des idées et des pensées.

C'est pourquoi, on peut remarquer, tel que, ce que le diable fit avec Judas Iscariote. En lui inspirant (fit naître en lui) l'idée de livrer Jésus.

Voir Jean 13v2 : " Pendant le souper, lorsque le diable avait déjà inspiré (fit naître) au cœur (l'esprit) de Judas Iscariot, fils de Simon, le dessein (les pensées, les idées) de le livrer. "

En d'autre terme : « Le diable avait fait naître dans l'esprit de Judas Iscariote, les pensées ou les idées de livrer Jésus ».

De la même façon, avec Pierre, le diable fit la même chose ; lorsqu'il poussa celui-ci de dire à Jésus : « Ce n'est pas vrai, cela ne t'arrivera pas ! »

Voir Matthieu 16v22-23 : " Pierre, l'ayant pris à part, se mit à le reprendre, et dit : A Dieu ne plaise, Seigneur ! Cela ne t'arrivera pas. Mais Jésus, se retournant, dit à Pierre : Arrière de moi, Satan ! tu m'es en scandale ; car tes pensées ne sont pas les pensées de Dieu, mais celles des hommes. "

Les pensées qui surgirent dans Pierre ne venaient pas de Dieu, ni de lui-même. Mais, c'est Satan qui les lui avait inspirées. Alors que, Pierre pensait avoir eu en lui-même les pensées d'empêcher Jésus de parler ainsi. Jésus, lui, savait que, ces pensées ne venaient pas de la prendre pensée ou idée de Pierre, ni de Dieu. Voilà, de quoi, le diable est-il capable !

Les deux êtres et le reste des créatures vivaient dans un parfait jardin qui se trouvait dans l'Eden (mot qui veut dire délice). Donc ; le jardin était dans le lieu de délice (délice qui veut dire plaisir extrême). Alors, le jardin était dans un lieu de plaisir extrême, ou dans un lieu où, il fait beau vivre. Alors, si l'on veut parler d'un lieu, où il fait beau vivre ; un tel lieu ne peut appartenir qu'à Dieu. Ainsi, la terre d'à présent, ne peut être qualifier d'un Eden !

Il serait important, avant de continuer sur « l'homme dans les cieux, et son environnement », et de « l'homme avec un corps sain », il conviendrait d'y mettre d'abord une pause, et de parler un peu de l'Eden.

LE JARDIN D'EDEN, OU PARADIS

Un jardin est un espace de terrain réservée pour cultiver des plantes de différentes espèces. Mais, il peut être aussi, un endroit mis à part, dans le but de présenter des animaux dans des cages, ou dans un espace qui se familiarise à leur lieu de vie naturel ; et, où les animaux sont libres dans leurs mouvements.

Alors, Eden était un territoire vaste, où, il y avait suffisamment d'étendue pour tout faire. Mais, entant que mot qui tire ses origines proprement dite, dans la Bible, est représenté par des lieux que le Créateur de l'univers s'était créées pour des raisons qui lui sont propres.

Ainsi, naturellement ; Eden veut dire : « Jardin de Dieu ».

Voir Ezéchiel 31v9 : " Je l'avais embelli par la multitude de ses branches, Et tous les arbres d'Éden, dans le jardin de Dieu, lui portaient envie. "

QU'EST-CE QUI SE TROUVAIT DANS CE JARDIN ?

Tout comme, nous l'avions vu en amant ; Dieu s'était fait une réserve très spéciale, dans laquelle, il conserva de divers échantillons de ses créatures. Et, comme le tout se passe, dans un monde spirituel ; alors, les choses ou au moins, tout ce qui se passe là, se passe dans l'invisibilité, ou encore en esprit. Alors, on pouvait trouver dans l'Eden :

- Voir Ezéchiel 31v9 : " Je l'avais embelli par la multitude de ses branches, Et tous les arbres d'Éden, dans le jardin de Dieu, lui portaient envie. "

Il y avait dans l'Eden ; des arbres de toute espèce.

Voir Genèse 2v9 : " L'Éternel Dieu fit pousser du sol des arbres de toute espèce, agréables à voir et bons à manger, et l'arbre de la vie au milieu du jardin, et l'arbre de la connaissance du bien et du mal. "

Et aussi :

- Voir Ezéchiel 28v13 : " Tu étais en Éden, le jardin de Dieu ; tu étais couvert de toute espèce de pierres précieuses, de sardoine, de topaze, de diamant, de chrysolithe, d'onyx, de jaspe, de saphir, d'escarboucle, d'émeraude, et d'or ; tes tambourins et tes flûtes étaient à ton service, préparés pour le jour où tu fus créé. "

Il y avait dans le jardin de Dieu ; des pierres précieuses :

* *Du Sardoine*

* *Du Topaze*

* *Du Diamant*

* *Du Chrysolithe*

* *D'Onyx*

* *Du Jaspe*

* *Du Saphir*

* *D'Escarboucle*

* *D'Emeraude*

* *D'Or*

Et encore :

- Voir Genèse 1v20-25 : '' Dieu dit : Que les eaux produisent en abondance des animaux vivants, et que des oiseaux volent sur la terre vers l'étendue du ciel. Dieu créa les grands poissons et tous les animaux vivants qui se meuvent, et que les eaux produisirent en abondance selon leur espèce ; il créa aussi tout oiseau ailé selon son espèce. Dieu vit que cela était bon. Dieu les bénit, en disant : Soyez féconds, multipliez, et remplissez les eaux des mers ; et que les oiseaux multiplient sur la terre. Ainsi, il y eut un soir, et il y eut un matin : ce fut le cinquième jour. Dieu dit : Que la terre produise des animaux vivants selon leur espèce, du bétail, des reptiles et des animaux terrestres, selon leur espèce. Et cela fut ainsi. Dieu fit les animaux de la terre selon leur espèce, le bétail selon son espèce, et tous les reptiles de la terre selon leur espèce. Dieu vit que cela était bon. ''

* *Les poissons ; les grands et les petits selon leur espèce*

* *Les animaux aquatiques selon leur espèce*

* *Les oiseaux portant des ailes selon leur espèce*

* *Le bétail selon son espèce*

* *Les reptiles selon leur espèce*

N.B : Toutes ces choses sont esprits, et non matériels, ou physiques. Puis, en dernier lieu ; Dieu créa l'homme. Et, il le plaça dans le jardin comme maître !

Voir Genèse 1v27,28 : " Dieu créa l'homme à son image, il le créa à l'image de Dieu, il créa l'homme et la femme. Dieu les bénit, et Dieu leur dit : Soyez féconds, multipliez, remplissez la terre, et l'assujettissez ; et dominez sur les poissons de la mer, sur les oiseaux du ciel, et sur tout animal qui se meut sur la terre. "

Ainsi ; l'homme, les oiseaux, les animaux, les plantes, etc. étaient des êtres qui vivaient dans un plaisir extrême. Il n'y avait ni maladie, ni douleurs, ni souffrance, ni aucune chose mauvaise, tous jouissaient d'une parfaite santé. Ils étaient dans la quiétude, et en harmonie entre eux. Tous respectaient, et obéissaient à leur maître : L'Homme.

Ils avaient un régime alimentaire qui faisait qu'aucun n'avait peur de l'autre. Car, et l'homme, et le reste de la nature, avaient pour nourriture ; la verdure. Le régime alimentaire de l'homme était spécifique : Voir Genèse 1v29 :

"Et Dieu dit : Voici je vous donne toute herbe portant de la semence et qui est à la surface de toute la terre (dans les cieux), et tout arbre ayant en lui du fruit d'arbre et portant de la semence : Ce sera votre nourriture."

L'homme était frugivore et granivore. Il ne se nourrissait pas de chairs, dans le jardin qui était dans les cieux. Et, il n'y avait pas de corps de la chair là-bas. C'étaient des corps spirituels.

L'alimentation du reste des habitants du Jardin est la suivante :

Voir Genèse 1v30 : " Et à tout animal de la terre, à tout oiseau du ciel, et à tout ce qui se meut sur la terre, ayant en soi un souffle de vie, je donne toute herbe verte pour nourriture. Et cela fut ainsi. "

Dieu fit que, les animaux puissent avoir leur alimentation propre : Il s'agit des herbes vertes.
Il fit de même pour les oiseaux du ciel, leur alimentation propre : Les graines produits par les herbes.
Il fit enfin que les autres bêtes, comme des reptiles ; puissent également manger, eux aussi, les feuilles, ou les herbes.

Ainsi donc, dans le jardin de Dieu ; les êtres qui y vivaient, ne se mangeaient pas les uns les autres.

Et, au contraire ; ils étaient unis, sans différences, dans leurs rapports. Les oiseaux, les reptiles, et toutes les bêtes ne se sentaient pas léser par les autres êtres. Mais plutôt, ils étaient en paix. On peut alors regarder dans le livre du prophète Esaïe, ce qui se passait, ou se passera réellement au ciel.

Voir Esaïe 11v6-9 : '' Le loup habitera avec l'agneau, et la panthère se couchera avec le chevreau ; le veau, le lionceau, et le bétail qu'on engraisse, seront ensemble, et un petit enfant les conduira. La vache et l'ourse auront un même pâturage, leurs petits un même gîte ; et le lion, comme le bœuf, mangera de la paille. Le nourrisson s'ébattra sur l'antre de la vipère, et l'enfant sevré mettra sa main dans la caverne du basilic. Il ne se fera ni tort ni dommage sur toute ma montagne sainte ; car la terre sera remplie de la connaissance de l'Éternel, comme le fond de la mer par les eaux qui le couvrent. ''

Et, voir encore Esaïe 65v25 : '' Le loup et l'agneau paîtront ensemble, le lion, comme le bœuf, mangera de la paille, et le serpent aura la poussière pour nourriture. Il ne se fera ni tort ni dommage sur toute ma montagne sainte, Dit l'Éternel. ''

On peut récapituler sur l'aliment respective des habitants du jardin, au moins pour la dernière fois. Ainsi que leur collaboration :

- Tous les animaux lesquels sont carnivores et herbivores aujourd'hui, tous auront pour nourriture ; de la paille. C'est ce qui était au-par-avant.

- Tous les serpents auront pour nourriture, de la poussière. Comme au-par-avant.

Ainsi, dans leur rapport ; étant donné que, nul ne se nourrissait de l'autre ; alors, l'agressivité, la crainte n'était entre eux. Et, rien de méchant parmi eux. Les carnivores de ce monde avaient dans leur état spirituel, aucune agressivité contre les autres, mais devaient se mettre ensemble, avec leurs adversaires d'aujourd'hui, dans ce monde physique. Les hommes saisiront des serpents, sans pour autant que ceux-ci, leur mordent. C'est comme, il venait d'être conclu en amant : « Il n'y aura point de dommage dans le ciel de Dieu ».

N.B : Ceci n'est qu'une façon de montrer que, cela est possible. Et donc, c'était comme ça, que les choses se passaient au ciel, au commencement. C'est-à-dire, avant que l'homme ne descendent sur terre. Ou, avant que, l'homme porte un corps physique, après la transgression de la loi divine. Et, c'est effectivement de cette façon-là, que les choses se passeront dans la nouvelle terre, au ciel, où iront les élus sauvés.

Ces passages ont été pris, dans le but, de montrer comment, il est possible de vivre ce que, l'homme vivait dans le jardin de Dieu. Et, donc, c'est de cette façon que, les habitants du jardin d'Eden vivaient.

Il y faisait bon vivre. Les autres animaux étaient occupés au transport du maître d'un coin à un autre.

N.B : Le Seigneur Jésus-Christ disait aux apôtres, lors de sa dernière Pâque d'ensemble avec eux, sur terre ; ce qui suit :

Voir Matthieu 26v29 : "Je vous le dis, je ne boirai plus désormais de ce fruit de la vigne jusqu'au jour où j'en boirai du nouveau avec vous dans le royaume de mon Père."

Ce passage montre, qu'au ciel, les mêmes activités de l'homme se feront. Au ciel, il y'a du jus extrait du fruit de raisins ! Tout ceci ; c'est pour dire que l'homme jouissait d'une vie parfaite. Et, lorsqu'on parle du ciel ; on ne doit pas croire qu'il s'agit d'un endroit où, il n'y a rien de semblable à ce qui se trouve dans ce monde. Car en fait, tout ce qui est de ce monde, ne sont que des images de ce qui se trouve dans les cieux. Tel, il est écrit dans ce passage-ci de la Bible :

Voir Colossiens 2v17 : "C'était l'ombre des choses avenir, ..."

Tout comme aussi ; l'Eternel demandant à Moïse de faire le schéma du tabernacle, selon le modèle qui lui était montré lorsqu'il était sur la montagne. C'est-à-dire ; ce qu'on lui montrait comme par vision des choses qui sont dans les cieux.

Voir Exode 25v9 : "Vous ferez le tabernacle et tous ses ustensiles d'après le modèle que je vais te montrer."

Et aussi :

Voir Exode 25v40 : "Regarde, et faits d'après le modèle qui t'est montré sur la montagne."

Ainsi, les choses révélées à Moïse pour la construction du tabernacle n'était pas terrestres, et non pas aussi l'exacte représentation des choses ; mais les images simplement des choses qui sont dans les cieux.

Voir Hébreux 9v23 : " Il était donc nécessaire, puisque les images des choses qui sont dans les cieux devaient être purifiées de cette manière, que les choses célestes elles-mêmes le fussent par des sacrifices plus excellents que ceux-là. "

Alors, il est donc clair ; qu'il y a des choses qui sont dans les cieux, lesquelles sont différentes de celles qui sont sur la terre, par leurs formes. Et, donc, les choses qui sont au ciel ont d'autres formes d'expressions, contrairement à celles de ce monde. Et, les choses qui sont sur la terre, ont moins de valeur que celles qui sont dans les cieux.

Les déclarations de l'Eternel ne demeurent jamais sans effets. Car, il avait dit après avoir béni les êtres qu'il avait créés, ce qui suit :

Voir Genèse 1v28 : " … soyez féconds, multipliez, remplissez la terre, et l'assujettissez … "

Il y'a une grande confusion que portent les hommes de cette nature d'aujourd'hui lorsqu'ils lisent ce passage. Ils croient que, c'est de cette terre ici qu'il s'agissait, de rempliront.

Comment remplir une terre beaucoup espacée, et qui part à sa fin ?

Car presque toutes les prophéties des Ecritures se sont déjà accomplies !

Mais, cette terre ici n'est pas encore remplie. Il y a assez d'espaces non toujours habités, lesquels ne seront jamais remplis, quelques soient, la façon de se multiplier dans ce monde !

Cela concernait alors, la terre qui est dans les cieux, là où ils étaient, laquelle, ils devraient remplir. Car, dans les cieux, il y a aussi une terre, laquelle malheureusement, les êtres créés n'avaient pas pu remplir ; comme on pourrait voir celle, dans le livre de l'Apocalypse 21v1 :

" Puis je vis un nouveau ciel et une nouvelle terre ; car le premier ciel et la première terre avaient disparu, et la mer n'était plus. "

Le premier ciel et la première terre ; ils s'agissent de ceux de ce présent monde.

LA PERTE DE LEGITIMITE AVEC SES CONSEQUENCES

La légitimité, étant le caractère de ce qui est conforme au Droit, le caractère juste et justifié ; l'homme ne va plus garder sa justice, et par conséquent, il était devenu incapable de se justifié. Ainsi, les promesses faites à l'homme ; celui-ci va toutes les rater.

Comment, et pourquoi va-t-il les rater ou les perdre ?

C'est à cause de la « JALOUSIE » d'un être créé par Dieu, lequel était dans le jardin ensemble avec eux. Celui qui n'est autre que le diable et Satan, représenté par le serpent !

Or, entre l'homme et la femme, en matière de semence ; c'est l'homme qui porte la semence. Mais la femme, elle, reçoit la semence, et la garde jusqu'à la maturité. Et donc, le plan du diable était celui de faire que parmi les enfants que Dieu a destiné à l'homme ; que certains soient des enfants de nature contraire. D'où, il faudrait créer un moyen par lequel, l'homme ouvrira des portes d'accès, pour permettre aux contres natures de prendre place en lui. Voilà comment Adam, en mangeant au fruit, s'est rendu asservi au diable. Car il avait désobéi à Dieu pour obéir au diable. Tel, il est écrit dans le livre de Jean 8v34 :

" En vérité, en vérité, je vous le dis, leur répliqua Jésus, quiconque se livre au péché est esclave du péché."

Or, ce passage ne dit pas : « Quiconque se livre aux péchés … » ! Or, le péché dont il s'agit ici ; ce n'est un acte posé, mais un être. Et, cet être ; c'est le diable. Ainsi, on pourrait dire : « Quiconque se livre au diable est esclave du diable ».

Adam était devenu esclave du diable. Alors, un esclave n'a ni pouvoir ni droit devant son maître.

Alors ; qu'est-ce que Dieu peut encore faire avec l'esclave du diable ?

En conséquence, Adam qui porte la semence de Dieu est obligé de porter aussi la semence du diable (le malin). Et, la femme qui conçoit de l'homme ; conçoit donc les deux espèces de semences : Celle de Dieu donnant les fils et les filles du royaume, et celles du malin donnant les fils et les filles du malin.

La femme lors d'une grossesse, soit porte les fils ou les filles de Dieu ; soit les fils ou les filles du malin. Et dans cet état ; l'homme n'était plus utile à être retenu au ciel. Alors, il faudrait le déplacer. Et, c'est ce qui sera fait. Mais encore, il faudrait extraire de l'homme, la semence de Dieu. Et donc, il faut faire sortir de celui-ci, les fils et les filles de Dieu et les fils et les filles du malin ; pour ensuite les séparer lorsqu'ils seront vidés d'Adam. Et, la procédure ou le moyen pour les faire sortir d'Adam ; ça sera la naissance biologique. Alors, ils devaient donc avoir des corps physiques dans lesquels, ils seront placés. Et, grâce à cela, le ciel ne continuerait plus d'être souillé.

Voilà, d'où va venir la notion de la naissance des humains !

LA MANIFESTATION DE LA PENSEE DE DIEU

La pensée de Dieu, pour le fait que, sachant ce qui devrait arriver ; c'est donc la terre, laquelle, il avait laissé en réserve qui sera utilisée, pour arriver à donner solution, au problème produit par ces deux espèces de créatures : Le serpent et l'homme. Car, la terre était comme une plateforme, à la vue des anges de Dieu. Mais, nul ne savait pourquoi, cette plateforme était-elle créée. Nul ne connaissait les pensées de Dieu pour avoir créé quelque chose, pour la mettre de côté, sans qu'elle ne soit utilisée. Hors, Dieu savait que, l'homme se livrera à Lucifer, et, Lucifer dominera sur l'homme. Il se rendra maître de lui. Voilà, comment un endroit devait déjà exister, et mis en réserve, pour palier à cette catastrophe céleste.

C'est pourquoi, pour un lieu physique, un corps physique. Alors, Dieu avait déjà prévu tout ce mécanisme. Ce mécanisme attendait seulement, l'accomplissement du plan de Lucifer, sur la bêtise de l'homme. Ainsi, une fois la bêtise accomplit ; il faudrait les déplacer à tour de rôle, qu'ils quittent le ciel, pour la plateforme. Pour cela, c'est l'homme qui devrait quitter la plateforme, le premier ; avec tout son environnement. C'est ce qu'on verra avec toutes les manières utiles, utilisées, pour que celui-ci ne se sente pas étranger sur la terre. Ensuite devrait suivre Lucifer, avec toute son équipe, lors de la venue de Jésus-Christ, le seul qui avait le pouvoir sur lui. Et, cela aura lieu, lors de sa mort à la croix, et du fait d'avoir coulé son sang. Ainsi, on peut lire dans le livre de l'Apocalypse 12v11 :

" Ils l'ont vaincu à cause du sang de l'agneau et à cause de la parole de leur témoignage, et ils n'ont pas aimé leur vie jusqu'à craindre la mort. "

Et, l'agneau, à l'image de l'Evangile de Jean ; c'est de Jésus-Christ qu'il s'agit.

Voir Jean 1v29 : " Le lendemain, il vit Jésus venant à lui, et il dit : Voici l'Agneau de Dieu, qui ôte le péché du monde. "

Ensuite, après l'avoir vaincu ; il sera précipité, lui, avec ses anges, en l'an quasiment zéro, de notre ère, selon le calendrier romain bien sûr ! Tel qu'il est écrit dans le livre de l'Apocalypse 12v9 :

'' Et il y eut guerre dans le ciel. Michel et ses anges combattirent contre le dragon. Et le dragon et ses anges combattirent, mais ils ne furent pas les plus forts, et leur place ne fut plus trouvée dans le ciel. Et il fut précipité, le grand dragon, le serpent ancien, appelé le diable et Satan, celui qui séduit toute la terre, il fut précipité sur la terre, et ses anges furent précipités avec lui. ''

Il viendra simplement trouver l'homme sur la terre. Ayant échoué au ciel ; il reviendra avec fureur vers l'homme, et le reste de la nature qui a été fait dans le but d'accompagner l'homme, durant son séjour sur terre, dans ce monde. Et, les cieux, avec ses habitants seront en paix ; tandis que la terre avec ses habitants sera dans un grand malheur, à cause de la venue de celui-ci, avec ses anges. Tel, il est écrit dans le livre de l'Apocalypse 12v12 :

'' C'est pourquoi réjouissez-vous, cieux, et vous qui habitez dans les cieux. Malheur à la terre et à la mer ! car le diable est descendu vers vous, animé d'une grande colère, sachant qu'il a peu de temps. ''

Seulement, l'on doit comprendre que, l'homme fut le premier à habiter la terre. Et, le grand dragon, le serpent ancien, appelé le diable et Satan, n'est venu qu'après. C'est-à-dire ; après la victoire sur eux, par le Roi des rois et le Seigneur des seigneurs ; le Vainqueur.

Tel qu'on peut le lire dans l'Apocalypse 5v1-6 :

'' Puis je vis dans la main droite de celui qui était assis sur le trône un livre écrit en dedans et en dehors, scellé de sept sceaux. Et je vis un ange puissant, qui criait d'une voix forte : Qui est digne d'ouvrir le livre, et d'en rompre les sceaux ? Et personne dans le ciel, ni sur la terre, ni sous la terre, ne put ouvrir le livre ni le regarder. Et je pleurai beaucoup de ce que personne ne fut trouvé digne d'ouvrir le livre ni de le regarder. Et l'un des vieillards me dit : Ne pleure point ; voici, le lion de la tribu de Juda, le rejeton de David, a vaincu pour ouvrir le livre et ses sept sceaux. Et je vis, au milieu du trône et des quatre êtres vivants et au milieu des vieillards, un agneau_(voir Jean 1v29 : Il s'agit de Jésus-Christ)_qui était là comme immolé. Il avait sept cornes et sept yeux, qui sont les sept esprits de Dieu envoyés par toute la terre. ''

Ainsi, la plateforme est comme un atelier, où devront être reçus les êtres souillés, pour leur préparer ou arranger, ou encore, leur désinfecter, afin qu'ils retournent dans le ciel.

Et donc, sachant qu'ils viendront transitoirement sur terre ; il sera question d'avoir alors la forme qui conviendrait aux réalités de la plateforme, qui servirait pour eux de nouveau espace de vie. Alors, ils auront besoin des corps physiques d'où, la fabrication d'un corps dit : « Le corps humain ».

LA CREATION DU CORPS HUMAIN

Le corps humain devait donc être différent du corps céleste ; tel qu'on peut le lire dans le livre de, 1 Corinthiens 15v40-41 :

" Il y a aussi des corps célestes et des corps terrestres ; mais autre est l'éclat des corps célestes, autre celui des corps terrestres. Autre est l'éclat du soleil, autre l'éclat de la lune, et autre l'éclat des étoiles ; même une étoile diffère en éclat d'une autre étoile. "

Lorsqu'on parle, ou que l'on veut parler des corps ; il est souvent oublié, si non ignoré de porter l'éclaircissement sur les différents corps de l'homme. Au ciel, l'homme avait un corps différent de celui qu'il porte aujourd'hui, sur terre.

Quand l'homme était dans le jardin d'Eden ; on n'a pas lu une fois, quelques parts dans les Saintes Ecritures ; qu'il était tombé malade, ou avoir eu une déformation, ou infirmité. Ce qui veut dire ; que toutes ces choses sont d'origine terrestre, et non céleste.

Et pire encore, en esprit, on ne parle pas des sexes. Il est donc normal ; qu'on n'ait pas entendu parler de tout ce qui se lie à la reproduction congénitale. Et, tous les êtres célestes sont asexués ; puis qu'on n'a jamais entendu dire ; qu'ils avaient des enfants, dans le jardin d'Eden ! Le corps céleste donc n'a rien à avoir avec toutes les choses de la réalité terrestre.

Le corps humain n'a pas d'éclat. C'est-à-dire qu'il n'est pas lumineux. Dieu, pour faire à l'homme, un corps physique, il était obligé d'utiliser de l'argile, poudre, ou poussière de la terre.

N.B : Lorsque, au commencement, Dieu avait créé la terre, il l'avait laissé sans rien dessus, plusieurs années, ou siècles. Entant que « Le Grand Pourvoyeur », Dieu avait prévu la solution pour le problème qui devait se poser un jour dans le ciel, où, l'homme devrait vivre. Et, ce problème ; c'est « la transgression de la loi divine », laquelle a pour verdict, finalement, la destruction, ou la punition éternelle pour l'homme. Voilà, la cause du fait que, la terre va demeurer longtemps sans être habiter. Elle était en effet, en attente du transgresseur. Ainsi, aussi longtemps que la transgression ne se serait point commise ; elle attendrait toujours. Ainsi, la terre est le lieu d'asile pour un temps, pour les malfaiteurs. Tant les humains, que les anges déchus. Seulement, il n'est pas écrit, le nombre d'années, que la terre resta sans être occupée. Serait-ce des siècles multiples ? On ne saura répondre à cette question !

Mais, il est écrit dans le livre de la Genèse ce qui suit :

Voir Genèse 2v4-5 : " Voici les origines des cieux et de la terre, quand ils furent créés. Lorsque l'Éternel Dieu fit une terre et des cieux, aucun arbuste des champs n'était encore sur la terre, et aucune herbe des champs ne germait encore : car l'Éternel Dieu n'avait pas fait pleuvoir sur la terre, et il n'y avait point d'homme pour cultiver le sol. "

Voilà, ce qu'était la terre, au commencement, et cela, pendant longtemps.

Dieu devait donc faire l'image des choses qui sont dans le ciel, sur la terre, à cause de son amour pour l'homme, qu'il créa à son image et à sa ressemblance ; bien que celui-ci désobéira, et Dieu le savait bien !

N.B : Dans le ciel ; les êtres créés à l'image et à la ressemblance de Dieu, étaient deux. Ils n'étaient pas l'homme et la femme ; mais plutôt, les êtres en homme. C'est l'Ecrivain de la Genèse qui les appela l'homme et la femme ; après avoir lu, et compris les déclarations d'Adam. Ainsi, par les passages bibliques suivants ; on peut tomber d'accord :

- Voir Genèse 5v2 : " Il créa l'homme et la femme, il les bénit, et il (Dieu) les appela du nom d'homme, lorsqu'ils furent créés. "

Ils n'étaient ni homme et femme, ils n'étaient point des hommes ; mais ils étaient : « L'homme ».

Ainsi, ce n'est pas Dieu, qui avait appelé ces êtres, du nom de la différence. Mais, l'un d'eux, après qu'il y eu création de l'être opposé. Et sa présentation auprès de son partenaire. Et que celui-ci, fera la différence entre lui, et l'autre. Ainsi, l'appellera-t-il : « Femme ».

- Voir Genèse 2v22,23 : " L'Éternel Dieu forma une femme de la côte qu'il avait prise de l'homme, et il (Dieu) l'amena vers l'homme. Et l'homme dit Voici cette fois celle qui est os de mes os et chair de ma chair ! On l'appellera femme, parce qu'elle a été prise de l'homme. "

Nous remarquerons, que l'un des humains, appelle l'autre humain : « Femme ».

Et, à quel moment l'appela-t-il femme ?

C'est juste, après avoir été créé de la poussière de la terre, lui et tous les animaux, les oiseaux, etc.
Et puisque, ici n'est pas leur première existence ; ils avaient déjà existé entant que des âmes !
Ainsi, il est clair qu'en esprit ; il n'y a ni homme ni femme, comme cela est écrit dans le livre des Galates 3v27,28 :

" vous tous, qui avez été baptisés en Christ, vous avez revêtu Christ. Il n'y a plus ni Juif ni Grec, il n'y a plus ni esclave ni libre, il n'y a plus ni homme ni femme ; car tous vous êtes un en Jésus-Christ. "

Être baptisé en Christ ; c'est se revêtir de la forme, ou état primitive. C'est-à-dire, la forme qu'avait l'homme lorsqu'il fut dans le jardin en esprit bien sûr !
Ceci étant ; on doit passer directement, à la fabrication du corps humain.

Il faudrait la pâte de la céramique !

Lorsque, l'on parle de la création de l'humain ; on a tendance à croire que Dieu avait formé un corps tout court, et avait souffler un souffle dans ces narines, et c'était tout !

Non !

Car, à bien voir ; il y a dans la composition du corps humains, beaucoup des parties qui ne sont pas toutes de la même façon.
Dieu, comme Bon potier, avait pris soin de fabriquer un corps humain selon l'art du Fabricant.
Il l'avait fait avec toute sa sagesse. Ainsi, il va commencer par le squelette, ou os ; puis la chair et, le reste, comme, il le démontre au prophète Ezéchiel, lors de la résurrection des ossements desséchés, dans une vallée.

Voir Ezéchiel 37v3-10 : " Il me dit : Fils de l'homme, ces os pourront-ils revivre ? Je répondis : Seigneur Éternel, tu le sais. Il me dit : Prophétise sur ces os, et dis-leur : Ossements desséchés, écoutez la parole de l'Éternel ! Ainsi parle le Seigneur, l'Éternel, à ces os : Voici, je vais faire entrer en vous un esprit, et vous vivrez ; je vous donnerai des nerfs, je ferai croître sur vous de la chair, je vous couvrirai de peau, je mettrai en vous un esprit, et vous vivrez. Et vous saurez que je suis l'Éternel. Je prophétisai, selon l'ordre que j'avais reçu. Et comme je prophétisais, il y eut un bruit, et voici, il se fit un mouvement, et les os s'approchèrent les uns des autres. Je regardai, et voici, il leur vint des nerfs, la chair crût, et la peau les couvrit par-dessus ; mais il n'y avait point en eux d'esprit. Il me dit : Prophétise, et parle à l'esprit ! prophétise, fils de l'homme, et dis à l'esprit : Ainsi parle le Seigneur, l'Éternel : Esprit, viens des quatre vents, souffle sur ces morts, et qu'ils revivent ! Je prophétisai, selon l'ordre qu'il m'avait donné. Et l'esprit entra en eux, et ils reprirent vie, et ils se tinrent sur leurs pieds : c'était une armée nombreuse, très nombreuse. "

Pour que le corps humain puisse exister ; il faut : Des os, de la chair, des nerfs, de la peau, et du souffle de vie (synonyme de l'esprit et de l'âme). Textuellement, comme ça se passe avec Ezéchiel. L'Eternel Dieu va d'abord former pour le corps ; le squelette. C'est-à-dire : Les différents os qui composent le squelette humain. Il est important de savoir :

Pourquoi d'abord l'os ?

Et, pourquoi pas d'abord la chair ?

Dieu étant le plus Grand Architecte, savait que, la chair sans les os ne peut pas tenir debout ; tout comme un vêtement sans le corps, ne peut se tenir debout !   C'est pourquoi encore ; Adam sachant grâce à Dieu ; que l'autre être, tiré de lui, n'était au départ qu'un os ; il vit, et confirma que c'était d'abord l'os, puis ensuite la chair, lorsqu'il déclare :

Voir Genèse 2v22-23 : " L'Éternel Dieu forma une femme de la côte qu'il avait prise de l'homme, et il l'amena vers l'homme. Et l'homme dit : Voici cette fois celle qui est os de mes os et chair de ma chair ! on l'appellera femme, parce qu'elle a été prise de l'homme. "

Puis il y joignit de la chair sur les os, et dans cette chair, des nerfs (vaisseaux sanguins, artères, différentes sortes de nerfs ou vaisseaux etc.). Et même cette chair ; il la disposa en trois niveaux ou couches : L'hypoderme ; qui est la partie graisseuse, en plus de profondeur. Ensuite l'épiderme : la deuxième partie, en allant vers la surface.

Et enfin, le derme : Qui est la couche externe, laquelle reste en contact avec tout ce qui est extérieur au corps. L'Eternel Dieu couvre toute cette divergence par une peau. Ainsi, l'homme ne va pas faire attention à ce qui est à l'intérieur ; mais plutôt à ce qui se trouve à l'extérieur. C'est-à-dire ; à la forme, et à la peau.

La matière qui servit de la fabrication de cette partie matérielle ; c'est de l'argile. Puis grâce à l'art du Potier, Un embellissement final va prendre place, comme en travail de finition. Sans oublier les dents, et autres. Et enfin, voici un être beau sera présenté au reste de la création comme leur maître. C'est-à-dire ; l'être supérieur à tous les autres êtres sur la terre : « L'homme ! »

N.B : En ce qui concerne la création ; les hommes ne tiennent pas souvent compte du temps que cela pouvait prendre. Et, ils imaginent, comme s'il s'agirait de quelque chose de quelques secondes. Mais, non !

Car, en ce qui concerne les os ; il y en a de plusieurs formes. La tête a plusieurs sortes d'os. Et chacun d'entre eux a un sens et rôle à jouer dans l'ensemble. Les membres inférieurs comme les membres supérieurs, chacun dans sa composition est constitué de différentes sortes d'os. Tels que : L'humérus, le radius, cubitus, carpe, métacarpe, phalange, phalangine, etc. Là, c'est le bras ! Et, au niveau du tronc ; les différentes sortes des côtes, l'omoplate, la colonne vertébrale, avec ses éléments constitutifs, etc. A cela s'ajoute, les dents, lesquelles se distinguent aussi entre elles, en rôle, etc. Puis viendra la peau, avec tout ce lui compose. Sans oublier les yeux, les oreilles, le cerveau, etc. Tous ceux-là, avec tous leurs sens. Alors, on ne peut pas dire combien de temps exactement, la création de l'être humain avait-elle pris. Mais toutefois, il importe de savoir, si cela avait pris des heures, des minutes, ou des secondes ; pourquoi pas penser aussi aux jours ! Ce qui est vrai ; un jour pour Dieu, est égal à mille ans pour la terre, ou dans ce monde. Tel que l'on lire dans le livre des Psaumes 90v4 :

" Car mille ans sont, à tes yeux, comme le jour d'hier, quand il n'est plus, et comme une veille de la nuit. "

Et aussi :

Voir 2 Pierre 3v8 : " Mais il est une chose, bien-aimés, que vous ne devez pas ignorer, c'est que, devant le Seigneur, un jour est comme mille ans, et mille ans sont comme un jour. "

Ainsi, par rapport à ceci, on peut penser que, la création de l'homme et de la femme aurait pris beaucoup de temps. Et, Dieu est le Potier ; comme on peut le lire dans les passages bibliques suivants :

- Voir Romains 9v20-21 : " O homme, toi plutôt, qui es-tu pour contester avec Dieu
?
Le vase d'argile dira-t-il à celui qui l'a formé : Pourquoi m'as-tu fait ainsi ? Le potier n'est-il pas maître de l'argile, pour faire avec la même masse un vase d'honneur et un vase d'un usage vil ? "

Lui sait combien de temps, cette création avait pris. Si seulement, l'homme pourrait comprendre toutes ces choses, alors, il saurait qu'il n'existe pas comme un fait de pur hasard. Et, il donnerait entièrement de la gloire à l'Eternel Dieu. Mais qu'à cela ne tienne ; ses fils et ses filles la lui donnent !

Et, après que le corps ait été fait ; il faudrait lui joindre deux autres parties, qui ne sont pas de la même nature que le corps ; pour que ce corps soit animé.
Il s'agit :

- L'une ; c'est l'être qui est devenu souillé, celui que le serpent a gaspillé. C'est-à-dire : « L'âme ».

– Et l'autre partie, celle qui est pour accompagner l'existence facile de l'âme dans le monde physique ; c'est « l'esprit ».

Et donc, les trois parties complètes ; c'est un être vivant qui est là ! C'est ce qui est dit dans le livre des Thessaloniciens : L'être humain ; c'est l'ensemble des trois parties distinctes suivantes : L'esprit, l'âme, le corps.

Voir 1 Thessaloniciens 5v23 : " Que le Dieu de paix vous sanctifie lui-même tout entiers, et que tout votre être, l'esprit, l'âme et le corps, soit conservé irrépréhensible, lors de l'avènement de notre Seigneur Jésus-Christ ! "

L'âme c'est l'ensemble des sentiments et des affections. En elle naît tout ce qui concerne l'être humain. C'est elle, la vie, ou encore, l'être qui avait péché. Et, l'esprit ; c'est l'ensemble des pensées et des idées. Il n'est pas un être, mais une forme qui accompagne l'âme dans ses manifestations. En elle, se trouve toutes les facultés intelligibles, et autres.

Ainsi, sans âme, le corps ne peut pas fonctionner, de même ; sans âme dans le corps ; l'esprit ne peut pas fonctionner. Mais, en dehors du corps et de l'esprit ; l'âme peut bel et bien vivre seule. Car, elle représente toute une vie.

L'esprit fonctionne dans le corps humain ; grâce aux organes de sens : Le nez, la langue, la peau, l'odorat et l'ouïe.

Ces organes rassemblent les informations, les emmènent au niveau du cerveau. Et, le cerveau qui travaille avec l'esprit, met ces informations à la disposition de l'esprit ; c'est ce qui lui permet de discerner, puis communiquer avec l'âme ; l'âme qui est le dernier stade décisionnaire. Ainsi, l'âme va donner de l'ordre au corps pour l'exécution.

C'est pourquoi, l'on doit savoir ; que le corps vit à cause de l'âme, laquelle est une vie en lui. Tel qu'il est écrit :

Voir Jacques 2v26 : " Comme le corps sans âme est mort, de même la foi sans les œuvres est morte. "

Ainsi, les trois constituants de l'être humain : l'esprit, l'âme et le corps, lorsqu'ils sont ensembles ; on peut parler d'un être vivant. Mais, lorsqu'ils ne sont plus ensembles ; les appellations changent :

- Un corps avec âme simple ; c'est un humain dans le coma.

- Un esprit avec corps simple, sans âme ; c'est la mort.

- Un esprit avec âme, et sans corps ; c'est la mort du corps bien sûr !

Ainsi, l'âme ; c'est un corps céleste. Elle est faite à l'image de Dieu. Tandis que, l'esprit lui aussi est céleste, il est fait à la ressemblance de Dieu.

N.B : L'esprit et l'âme sont créés par la parole de Dieu. Car, c'est ce qui ai dit dans le livre d'Ezéchiel 37v9 :

" Il me dit : Prophétise, et parle à l'esprit ! prophétise, fils de l'homme, et dis à l'esprit : Ainsi parle le Seigneur, l'Éternel : Esprit, viens des quatre vents, souffle sur ces morts, et qu'ils revivent ! "

Tel qu'il est dit dans le livre des Romains ; que Dieu donne existence aux choses qui n'existeraient pas. Il les appelle ; et ils existent !

Voir Romains 4v17 : " Je t'ai établi père d'un grand nombre de nations. Il est notre père devant celui auquel il a cru, Dieu, qui donne la vie aux morts, et qui appelle les choses qui ne sont point comme si elles étaient. "

Ainsi, Dieu pour faire exister quelque chose ; il donne simplement l'ordre ; dit-il : Existe !

Et, la chose existe à l'instant.

Voir Psaumes 33v9 : " Car il dit, et la chose arrive ; il ordonne, et elle existe. "

REMARQUES TRES IMPORTANTES 1

Le premier homme avait été créé avec de la poussière de la terre. Or, dans le jardin, il n'y avait pas qu'un seul être ! Alors, il sera important de voir tout d'abord ; comment est-ce que les deux êtres étaient-ils dans un seul homme, pour que l'on soit arrivé à deux humains séparés en deux corps, après avoir vu sur l'installation du nouveau milieu de vie.

CREATION DE L'ENVIRONNEMENT NOUVEAU

L'homme ayant commis l'interdit ; Dieu va donc activer son plan pour lequel, il avait créé la plateforme. Le moyen utilisé par Dieu ; c'est l'eau. Et, donc, la pluie.

En effet, la pluie a un grand rôle qu'il joue dans son contact avec la terre. C'est tel qu'on pourrait le lire dans le livre du prophète Esaïe 55v10 :

" Comme la pluie et la neige descendent des cieux, et n'y retournent pas sans avoir arrosé, fécondé la terre, et fait germer les plantes, sans avoir donné de la semence au semeur et du pain à celui qui mange. "

Ainsi, le rôle de la pluie sur la terre ; c'est :

- D'arroser la terre

- De féconder la terre

- De faire germer les plantes sur la terre.

Alors, Dieu fera pleuvoir une pluie qui sera, la première depuis qu'il créa la plateforme. Et, de par cette pluie ; il eut une grande germination de la terre. Or, il y a dans les écrits, une façon de détailler certaines choses ; et si, on ne fait pas attention, on croirait que, les choses se passent à l'heure-même. Or qu'au fond, cela avait pris un moment, pour apparaître. Ainsi, lorsqu'on lit le passage de la Genèse 2v4-6 :

" Voici les origines des cieux et de la terre, quand ils furent créés. Lorsque l'Éternel Dieu fit une terre et des cieux, aucun arbuste des champs n'était encore sur la terre, et aucune herbe des champs ne germait encore : car l'Éternel Dieu n'avait pas fait pleuvoir sur la terre, et il n'y avait point d'homme pour cultiver le sol. Mais une vapeur s'éleva de la terre, et arrosa toute la surface du sol. "

Tout ceci, prit du temps. Mais, on ne s'en rend point compte, lorsqu'on lit ces expressions dans la Bible. Seulement, il reste vrai ; qu'on ne sait pas combien de temps, il a fallu, pour que la terre reproduise de la verdure suffisante !

Et, après avoir fait pleuvoir, et qu'il eut sorti du sol ; diverses sortes d'herbes ; diverses sortes d'arbres, etc. L'Eternel Dieu va alors façonner un être, avec de l'argile. Celui qu'on appellera : Humain. Et, cet Humain ne sera pas seul, dans son corps. Car, de même qu'ils furent deux, dans le jardin de Dieu ; les deux devaient également descendre sur la terre. Seulement, lorsqu'ils seront sur la terre ; ils vont rester comme dans le ciel. C'est-à-dire ; ils resteront unis dans un seul corps.

Ainsi, il est écrit qu'après la pluie, non seulement que Dieu avait fait germer le sol ; mais aussi, il va former un Humain. Voir dans le livre de la Genèse 2v7 :

" L'Éternel Dieu forma l'homme de la poussière de la terre, il souffla dans ses narines un souffle de vie et l'homme devint un être vivant. "

Il le forma après la pluie. Ce qui veut dire ; qu'il le forma avec de l'argile en pâte, ou de la boue. En ce moment ici ; il n'y avait pas encore d'être humain. Pour qu'il y ait un être humain ; l'Eternel Dieu devait alors, prendre l'être souillé, et lui mettre dans le corps qu'il avait créé. Et, cela avait pris combien de temps ; on ne sait rien du tout ! Mais, ce qui est vrai ; l'Eternel Dieu, après avoir formé un corps inanimé ; il le fit animer, en y mettant les êtres souillés dans le jardin d'Eden. C'est ce qu'on peut lire dans le livre de la Genèse 2v7 :

" L'Éternel Dieu forma l'homme de la poussière de la terre, il souffla (ou mit) dans ses narines un souffle de vie (ou l'âme et l'esprit) et l'homme devint un être vivant. "

Ensuite, l'Eternel Dieu fit, tout, pour garnir son environnement ; des êtres qui étaient avec ce dernier dans le jardin. Tel qu'on peut le lire dans le livre de la Genèse 2v19,20 :

" L'Éternel Dieu forma de la terre tous les animaux des champs et tous les oiseaux du ciel, et il les fit venir vers l'homme, pour voir comment il les appellerait, et afin que tout être vivant portât le nom que lui donnerait l'homme. Et l'homme donna des noms à tout le bétail, aux oiseaux du ciel et à tous les animaux des champs ; mais, pour l'homme, il ne trouva point d'aide semblable à lui. "

C'est à partir d'ici, que l'on pourra comprendre que, les deux êtres étaient dans un seul, et même corps, au départ. Ainsi, on peut lire dans le livre de la Genèse 2v21-23 :

" Alors l'Éternel Dieu fit tomber un profond sommeil sur l'homme, qui s'endormit ; il prit une de ses côtes, et referma la chair à sa place. L'Éternel Dieu forma une femme de la côte qu'il avait prise de l'homme, et il l'amena vers l'homme. Et l'homme dit : Voici cette fois celle qui est os de mes os et chair de ma chair ! on l'appellera femme, parce qu'elle a été prise de l'homme. "

Les gens lisent, et s'arrêtent seulement à la côte ! Or, la côte représentait tout un être. Seulement, il n'avait pas de corps, en l'extrayant du premier corps. C'est pourquoi, l'Eternel Dieu, devait, éloigner de l'homme qui restait dans le premier corps, et former un autre homme à part, ou un autre corps. Cette fois-ci ; un être différent physiquement de l'autre. Et, donc, c'est à cause de cette différence ; que, celui qui était resté dans le premier corps humain, appellera l'autre par « femme ». L'expression qui voudrait dire : « L'opposée de l'homme ».

Voir Genèse 2v21-22 : " Alors l'Éternel Dieu fit tomber un profond sommeil sur l'homme, qui s'endormit ; il prit une de ses côtes, et referma la chair à sa place. L'Éternel Dieu forma une femme de la côte qu'il avait prise de l'homme, et il l'amena vers l'homme. Et l'homme dit : Voici cette fois celle qui est os de mes os et chair de ma chair ! on l'appellera femme, parce qu'elle a été prise de l'homme. "

Ainsi, ils sont désormais un être de sexe mâle et un être de sexe femelle.

Le corps humain sera formé avec de la poussière de la terre. Et, ça sera avec ce corps, que les humains nouvellement créés, pourront vivre pendant un temps dans le lieu où, ils avaient été formés. C'est-à-dire, sur la terre.

N.B : Cette formation, ne concerne que l'être de sexe mâle, ou l'homme ; et l'être de sexe femelle, ou la femme. Et, il est important de retenir ; que les premiers humains n'avaient jamais été des enfants. Car, ils avaient été formés déjà adultes. Ainsi, ils n'avaient plus besoin de grandir. Tandis que, les autres humains, leurs descendants ; eux, vont naître. Ainsi, la naissance exigeant un parcourt ; ce sont eux, qui vont naître et grandir, jusqu'à un âge donné, pour devenir hommes et femmes.

Il est encore important de retenir aussi que, les descendant de l'homme et de la femme, ne vont que mystérieusement, suivre le parcourt déjà tracé par Dieu. Ainsi, grâce à la nouvelle formule, crée par l'Eternel Dieu ; les humains devaient alors être formés à partir des gamètes mâles et des gamètes femelles.

COMMENT CELA SE PASSE-T-IL DANS LE PLAN DIVIN ?

L'Eternel Dieu a sa façon propre de description de ce phénomène sur la naissance des humains. Il se montre réellement, que, c'est lui qui est à l'origine de toutes ces choses. Car, avant qu'on ait parlé des moyens humains pour donner des explications, ou de découvrir les mécanismes qui sont liés à ce phénomène ; Dieu l'avait déjà révélé à ses serviteurs de l'époque ; et cela, avant l'invention des appareils servant à la découverte des mécanismes de fonctionnement d'une grossesse.

En effet, cela se passe ainsi :

Il y a deux sortes des gamètes :

Le gamète mâle : C'est le spermatozoïde qu'on l'appelle. Il correspond à une grosse goûte gelée, qui contient des éléments microscopiques, nommés : « Têtards ».

Et, le deuxième gamète : C'est également un liquide gelé, qui contient un « ovule ». Ainsi, la fusion des deux gamètes au départ se forme une petite masse, en forme de lait, laquelle au bout de quelques temps deviendra caillée. Comme, on pourrait particulièrement le lire dans le livre de Job 10v10-11 :

" Ne m'as-tu pas coulé comme du lait ? Ne m'as-tu pas caillé comme du fromage ? "

Voilà comment textuellement se passent les choses dans l'utérus de la femme enceinte   !
Et ça, la médecine moderne ne l'a découverte qu'après avoir reçu en invention ; des matériaux appropriés. Et cela, à peu-près dans moins d'un siècle par-rapport à l'année de cette édition-ci.

Alors, ce qui est une découverte pour l'homme a été une révélation à l'homme dès les temps largement passé, par Dieu. Donc, c'est grâce aux rapports sexuels, que se passe naturellement ce phénomène. Puis ensuite, toujours dans le ventre de la femme enceinte ; la masse en forme de fromage, les os (encore cartilagineux), les nerfs, et la peau. Voilà que, le travail du Grand Tisserant donnera existence à tout un humain, en qui sera placée une vie ; tel, il est écrit dans le livre de Job 10v11-12 :

" Tu m'as revêtu de peau et de chair, tu m'as tissé d'os et de nerfs ; Tu m'as accordé ta grâce avec la vie, tu m'as conservé par tes soins et sous ta garde. "

Et aussi, les seins sont formés, et les cheveux sortent. Voir Ezéchiel 16v7 :

" Je t'ai multipliée par dix milliers, comme les herbes des champs. Et tu pris de l'accroissement, tu grandis, tu devins d'une beauté parfaite ; tes seins se formèrent, ta chevelure se développa. Mais tu étais nue, entièrement nue. "

Ainsi, Dieu permet que l'être qui est dans le ventre de la femme soit conservé avec tous les soins possibles de sa part ; et sous sa garde. Cette façon de faire se dit : « Tisser l'enfant dans le sein maternel ». Tel, il est écrit dans le livre de Job déjà lu, et dans le livre des Psaumes 139v13 ici :

" C'est toi qui as formé mes reins, qui m'as tissé dans le sein de ma mère. "

Et, lors de la formation d'un être ; Dieu prépare déjà les reins d'où viendront d'autres humains, s'agissant des garçons. Car, ce sont eux qui portent de la semence.

N.B : Avant de continuer sur le point où, nous sommes ; il serait quand-même nécessaire de jeter un coup d'œil sur l'expression : « Les reins ».

Les reins, à bien voir ; ils expriment beaucoup de choses. Mais, parmi tant d'autres ; ce qui est essentiel pour nous ; ce sont les reins comme, le lieu où, l'Eternel met en provision des enfants, dans un homme, ou encore la semence.

Il est écrit dans le livre de la Genèse, que des rois sortiront des reins de Jacob. Voir Genèse 35v11 :

" Dieu lui dit : Je suis le Dieu tout-puissant. Sois fécond, et multiplie : une nation et une multitude de nations naîtront de toi, et des rois sortiront de tes reins. "

Et, en ce qui concerne les descendants d'Abraham ; ils étaient tous dans ses reins, pendant qu'il donna la dîme de tout. Voir Hébreux 7v5 :

" Ceux des fils de Lévi qui exercent le sacerdoce ont, d'après la loi, l'ordre de lever la dîme sur le peuple, c'est-à-dire, sur leurs frères, qui cependant sont issus des reins d'Abraham. "

Il est question ici, de Levi. Hors, Levi n'était pas directement l'enfant d'Abraham ; mais, le petit-fils d'Isaac. Et Isaac, lui ; fils d'Abraham ! C'est pour dire ; que Levi étant le fils de Jacob ; Jacob étant alors, dans les reins d'Isaac, et Isaac dans les reins d'Abraham, et Levi, dans les reins de Jacob, devaient tous se trouver dans les reins d'Abraham. Voilà, c'est à cause même de cela, que la malédiction des parents touche également les enfants, surtout, lorsque ceux-ci se trouvent dans les reins de leurs pères ; comme lorsque, le monde entier fut dans les reins d'Adam, dont le péché nous ait tous en partage.

Levi dans les reins de son père Jacob. Voir Hébreux 7v10 :

" De plus, Lévi, qui perçoit la dîme, l'a payée, pour ainsi dire, par Abraham ; car il (Levi) était encore dans les reins de son père, lorsque Melchisédek alla au-devant d'Abraham. "

Ainsi, on peut comprendre que, les enfants se trouvent naturellement dans les reins de leurs pères, avant qu'ils ne viennent à exister dans le monde réel.

Les humains dans les reins d'Adam. Voir Romains 5v12,14 :

" C'est pourquoi, comme par un seul homme le péché est entré dans le monde, et par le péché la mort, et qu'ainsi la mort s'est étendue sur tous les hommes, parce que tous ont péché, ... Cependant la mort a régné depuis Adam jusqu'à Moïse, même sur ceux qui n'avaient pas péché par une

transgression semblable à celle d'Adam, lequel est la figure de celui qui devait venir. "

Ceci montre que, depuis les reins d'Adam, toute l'humanité était devenue souillée.

REMARQUES TRES IMPORTANTES 2

Lorsqu'il est écrit :

- " Mets un terme à la malice des méchants, et affermis le juste, toi qui sondes les cœurs et les reins, Dieu juste ! " (Psaumes 7v10)

Et aussi :

- " Mais l'Éternel des armées est un juste juge, qui sonde les reins et les cœurs. Je verrai ta vengeance s'exercer contre eux, car c'est à toi que je confie ma cause. " (Jérémie 11v20)

Cette expression veut dire ; que Dieu connait les pensées de l'homme ; même celles de ceux qui sont dans ses reins. Ainsi, il connaît tout homme, avant qu'il ne naisse. Voir Jérémie 1v5 :

" Avant que je t'eusse formé dans le ventre de ta mère, je te connaissais, et avant que tu fusses sorti de son sein, je t'avais consacré, je t'avais établi prophète des nations. "

Alors, à présent que l'on a compris, ce que c'est les reins, et l'expression : « sonder les reins », on peut retourner sur la naissance elle-même !

N.B : A l'égard de tout ceci, on peut comprendre que, Dieu avait disposé de façon continue, un mécanisme devenu naturel, en ce qui concerne la reproduction des humains.

Les enfants, lorsqu'ils entrent dans ce monde ; c'est nu, qu'ils entrent. C'est-à-dire ; sans rien emporter. Tel qu'on pourrait lire dans livre de Job 1v21 :

" et dit : Je suis sorti nu du sein de ma mère, et nu je retournerai dans le sein de la terre. L'Éternel a donné, et l'Éternel a ôté ; que le nom de l'Éternel soit béni ! "

Et, Ecclésiastique 5v14 :

" Comme il est sorti du ventre de sa mère, il s'en retourne nu ainsi qu'il était venu, et pour son travail n'emporte rien qu'il puisse prendre dans sa main. "

Enfin, dans le livre de 1 Timothée 6v7 :

" car nous n'avons rien apporté dans le monde, et il est évident que nous n'en pouvons rien emporter. "

Et, celui qui fait sortir un enfant du sein maternel ; c'est Dieu. Ce n'est pas Satan ! Voir Job 10v18 :

" Pourquoi m'as-tu fait sortir du sein de ma mère ? Je serais mort, et aucun œil ne m'aurait vu. "

Et, Esaïe 66v9 : " Ouvrirais-je le sein maternel, pour ne pas laisser enfanter ? Dit l'Éternel ; moi, qui fais naître, empêcherais-je d'enfanter ? dit ton Dieu. "

Dieu le fait grâce à un mécanisme préétabli, appelé : « Le travail ». Un phénomène qui se fait par des genres de manifestations dites : « Douleurs d'enfantements ». Ces douleurs qui produisent par la suite, une forme de pression et d'énergie, lesquelles expulsent vers l'extérieur, le bébé, du sein de sa mère ; comme on peut le lire dans le livre de l'Apocalypse 12v2 :

" Elle était enceinte, et elle criait, étant en travail et dans les douleurs de l'enfantement. "

Ainsi, avant la naissance, ou la venue dans le monde, depuis dans le ventre de la femme enceinte ; Dieu donne à ce « corps », un propriétaire : « L'âme », puis un animateur : « L'esprit ».

Ainsi :

- L'âme est mentionnée dans le livre de Job30v16, comme restant dans le corps, ou avec le corps de l'être humain, on peut donc lire :

" Et maintenant, mon âme s'épanche en mon sein, les jours de la souffrance m'ont saisi. "

Donc, L'âme se trouve dans le corps humain. Cela n'est qu'une expression. En fait, cela voudrait tout simplement dire ; que l'âme est l'une des dimensions ou des parties qui constitue l'être humain.

- L'esprit est mentionné dans le livre des Psaumes 143v4, comme restant lui aussi, dans l'être humain, ou avec l'être humain, on peut ainsi lire :

" Mon esprit est abattu au dedans de moi, mon cœur (ou esprit) est troublé dans mon sein. "

Donc, L'esprit se trouve dans le corps humain. Cela n'est qu'une expression. En fait, cela voudrait tout simplement dire ; que l'esprit est l'une des dimensions aussi qui constitue l'être humain.

Cette disposition établie de la sorte, fait comprendre ; qu'on naît bon ou méchant, depuis dans le sein maternel. Tel, il est écrit dans le livre des Psaumes 58v4 :

" Les méchants sont pervertis dès le sein maternel, les menteurs s'égarent au sortir du ventre de leur mère. "

Ainsi, la nature des humains ; ils naissent avec. Et du coup, cela emmène à la confirmation que les êtres humains naissent en deux tendances. Soient, ils sont de Dieu, soient ils sont du malin. Et, c'est ce qu'on devra voir.

Mais toutefois, Dieu peut rendre la femme stérile ; c'est-à-dire, qu'il ferme son sein. Il peut de même rendre féconde, la femme. Il le dit en insistant. Voir Esaïe 66v9 :

" Ouvrirais-je le sein maternel, pour ne pas laisser enfanter ? dit l'Éternel ; moi, qui fais naître, empêcherais-je d'enfanter ? dit ton Dieu. "

Et, Osée 9v14 :

" Donne-leur, ô Éternel ! ... Que leur donneras-tu ?... Donne-leur un sein qui avorte et des mamelles desséchées ! "

Ces choses ici, nous emmène à comprendre que, par exemple ; Sara, la femme d'Abraham était stérile, par la volonté de Dieu.

Voir Genèse 16v2 : " Et Saraï dit à Abram : Voici, l'Éternel m'a rendue stérile ; viens, je te prie, vers ma servante ; peut-être aurai-je par elle des enfants. Abram écouta la voix de Saraï. "

Mais aussi, et surtout, il serait important de savoir ; que tout comme les femmes, les hommes aussi peuvent être stériles, y compris même des bêtes, dans certaines circonstances. Tel qu'on pourrait voir sur ce qui se passa chez Abimélec.

Voir Genèse 20v18 : " Car l'Éternel avait frappé de stérilité toute la maison d'Abimélec, à cause de Sara, femme d'Abraham. "

Et, cette sorte de malédiction, tout comme bénédiction, touchent même les bêtes.

Voir Deutéronome 7v14 : " Tu seras béni plus que tous les peuples ; il n'y aura chez toi ni homme ni femme stérile, ni bête stérile parmi tes troupeaux. "

N.B : Lorsque les humains naissent ; le nombre de jours de leurs vies sont arrêtés d'avance. C'est pour ainsi dire ; que l'existence des humains n'est pas un fait de pur hasard. Voir Psaumes 139v16 :

" Quand je n'étais qu'une masse informe, tes yeux me voyaient ; et sur ton livre étaient tous inscrits les jours qui m'étaient destinés, avant qu'aucun d'eux existât. "

Au départ, tous sont sortis d'un seul, et même sang, ou homme. Puis, arrive la séparation. C'est ce qui voudrait dire ; que la terre entière, n'a qu'un seul ancêtre : « Adam ». C'est même à cause de cela, que les humains devront comprendre, que Dieu n'est point raciste. Et donc, s'il y a de l'ingratitude ; c'est par rapport aux cœurs des humains qui sont tortueux, depuis l'action destructive du malin, dans la vie d'Adam. Si non, il reste plus que convainquant ; que tous, nous sommes sortis d'un seul, et même sang. Dieu ayant placé sur la terre l'image de tout ce qui se trouvait au ciel, il avait aussi pris soin de tout ordonner.

Voir Actes 17v26 :

" Il a fait que tous les hommes, sortis d'un seul sang (ou homme), habitassent sur toute la surface de la terre, ayant déterminé la durée des temps et les bornes de leur demeure. "

N.B : Quelques données des laboratoires d'analyses scientifiques, ont montré, que les sangs de tous les humains peuvent être transfusés aux autres des mêmes groupes, sans problèmes, quelques soient leurs couleurs de la peau.

Les découvertes scientifiques ayant été publiées ; disant : qu'ils existent plusieurs races d'humains ; par exemples : Les humains de couleur dite blanche, noire (ou sombres), rouge, jaune, etc. Mais, quelques soient cette divergence ; la transfusion sanguine n'a point d'incompatibilité, quand à cela. Alors, il n'y a donc point raisons de se haïrent les uns les autres.

Mais aussi, il y a une très grande confusion, en ce qui concerne l'interprétation des Saintes-Ecritures à un certain niveau des commentateurs de la Bible. Lorsque, ceux-ci arrivent à penser que, le sang pris comme moyen comparatif à l'âme, est tout un être, s'agissant de l'âme bien sûr ! Oubliant que, l'âme est un principe immatériel ; et font du sang, un problème grave dans le domaine spirituel, c'est un problème, pour ces derniers, dans la révélation de la parole de Dieu.

L'âme d'après le dictionnaire, elle est définie ainsi : L'âme, dans de nombreuses religions et philosophies, désigne l'élément immatériel qui, associé à l'enveloppe corporelle, constitue l'individu humain.

En général, l'âme est considérée comme un principe intérieur, vital et spirituel, la source de toutes les fonctions corporelles et particulièrement de l'activité mentale. Elle incarne en elle, tout un comportement, ou caractère.

D'où, l'âme représente tout un être, qui occupe un corps humain ; dont elle se servirait durant un temps donné : Le temps de vie sur terre. Elle est différente avec le sang, lequel n'est pas du tout un comportement, ou caractère. Et encore, qui n'est pas un principe invisible, qui se révèle de l'esprit. Or, une âme, étant un comportement ; si le sang était donc, un comportement ; tous ceux qui ont reçu du sang transfusé ; seraient donc, l'incarnation des gens à qui ce sang avait été, retiré ! Alors, ces gens-là, auraient en eux, combien d'âmes ?

L'âme est donnée, lorsque l'être qui se trouve dans le ventre de la femme, atteint l'âge de commencer à faire des mouvements, dans le ventre bien sûr.

Ainsi, c'est lorsque l'être dans le ventre de la femme reçoit une âme avec un esprit ; que les mouvements deviennent totalement visibles.

Dans une grossesse ; il peut y avoir un enfant, ou plus d'un enfant. Voir Osée 12v4 :

" Dans le sein maternel Jacob saisit son frère par le talon, et dans sa vigueur, il lutta avec Dieu. "

Etant donné que, l'homme avait été créé, pour vivre au ciel, dans le royaume de Dieu ; et, comme il était devenu souiller, lui et ses descendants au-dedans de lui ; ils ne pouvaient plus vivre au ciel. D'où, ils devraient descendre sur la terre, afin que, ceux qui devaient revenir à Satan, le diable, soient séparés de ceux qui devaient revenir à Dieu.

Alors, pour que cela se fasse ; il était important que le propriétaire du peuple vienne récupérer son peuple, en les séparant d'avec ceux du malin. Tel qu'il est écrit dans le livre de Jean 10v1-5 :

" En vérité, en vérité, je vous le dis, celui qui n'entre pas par la porte dans la bergerie (ou le monde), mais qui y monte par ailleurs (par d'autres moyens), est un voleur et un brigand. Mais celui qui entre par la porte (par la naissance pareille à celle des humains) est le berger des brebis (des enfants de Dieu). Le portier (les anges de Dieu dans un homme : Ici, c'est Jean Baptiste) lui ouvre, et les brebis entendent sa voix (l'Evangile ou la Bonne Nouvelle : son message) ; il appelle par leur nom les brebis qui lui appartiennent, et il les conduit dehors (hors du monde). Lorsqu'il a fait sortir toutes ses propres brebis, il marche devant elles ; et les brebis le suivent, parce qu'elles connaissent sa voix (son message). Elles ne suivront point un étranger (Satan le diable) ; mais elles fuiront loin de lui, parce qu'elles ne connaissent pas la voix (ou le message) des étrangers (Satan et ses démons). "

Jean, entant que portier, ouvre la porte au Christ. Et, le Christ appelle ses brebis. Ceux-ci le suivront hors du monde. Comme cela se trouve écrit dans le livre des Hébreux 13v12-13 :

" C'est pour cela que Jésus aussi, afin de sanctifier le peuple par son propre sang, a souffert hors de la porte. Sortons donc pour aller à lui, hors du camp, en portant son opprobre. "

Hors de la porte veut dire ; à l'extérieur. Et, hors du camp veut dire hors du monde. Et, le monde c'est l'ensemble de comportements ou des œuvres quelconques. Mais aussi, il veut dire ; l'ensemble des peuples de la terre.

JEAN OUVRE LA PORTE

Il est très important de comprendre, de quelle manière Jean procédait, pour ouvrir la porte au Bon Berger.

En effet, Jean Baptiste disait à ceux qui venaient se faire baptiser à lui :

Voir Matthieu 3v11-12 : "Moi, je vous baptise d'eau, pour vous amener à la repentance ; mais celui qui vient après moi est plus puissant que moi, je ne suis pas digne de porter ses souliers. Lui, il vous baptisera du Saint-Esprit et de feu. Il (Jésus) a son van à la main, il nettoiera son aire, et il amassera son blé dans le grenier, mais il brûlera la paille dans un feu qui ne s'éteint point.''

Alors, Jésus était venu dans le monde pour une mission très importante : Nettoyer son aire (ou son royaume) !

Son peuple étant descendu sur la terre, par le fait d'avoir eu un corps physique. Et son peuple, et ceux qui sont du diable ; tous ensemble, dans la souillure, ne pouvaient plus restés auprès de l'Eternel Dieu. Car, en Adam devaient alors se trouver, tant les fils et les filles du royaume, et ceux de Satan le diable. Lesquels, il avait introduit dans son royaume. C'est pourquoi, il devait être question de sortir dans les reins d'Adam, tout le monde. Puis, les séparer, une fois étant sur terre, dans ce monde. C'est-à-dire ; sortir d'Adam toutes les semences qui étaient en lui, et trier entre ces semences, la semence de Dieu, pour mettre à part ; et celle du malin pour les mettre à part ; dans le feu qui a été créé uniquement pour leur père et ses serviteurs, les démons, tel il est écrit dans Matthieu 25v41 :

" Ensuite il dira à ceux qui seront à sa gauche : Retirez-vous de moi, maudits ; allez dans le feu éternel qui a été préparé pour le diable et pour ses anges. "

Alors, cette opération gigantesque ne pouvait pas se faire dans le ciel, où il est exigé que tout soit saint. Alors, c'est sur la terre que tout va se passer. Voilà, le pourquoi de « la création de la terre » ; que nombreux ne savent pas toujours !

La terre d'alors n'avait pas été créée pour une durée illimitée, avec même son ciel ; ni pour servir aux humains, de lieu de jouissance éternelle. Mais pour une durée éphémère. Car, elle devait servir d'un terrain de séparation des grains. Les bons à part, et les mauvais aussi, à part. Ainsi, la terre d'aujourd'hui a un délai d'existence bien déterminée, que seul son Créateur connait, de même que le ciel. Ainsi, les humains ne feront que constater la dégénérescence et la dégradation progressive, au fur et à mesure que les siècles passent. C'est ce qui est écrit dans le livre des Hébreux 1v10-12 :

" Et encore : Toi, Seigneur, tu as au commencement fondé la terre, et les cieux sont l'ouvrage de tes mains ; Ils périront, mais tu subsistes ; ils vieilliront tous comme un vêtement, Tu les rouleras comme un manteau et ils seront changés ; mais toi, tu restes le même, et tes années ne finiront point. "

La présente terre périra, et même le ciel présent. Tel, il est aussi écrit dans la deuxième épitre de Pierre.

Voir 2 Pierre 3v10 : " Le jour du Seigneur viendra comme un voleur ; en ce jour, les cieux passeront avec fracas, les éléments embrasés se dissoudront, et la terre avec les œuvres qu'elle renferme sera consumée. "

Cette terre, et ce ciel d'aujourd'hui, ne seront plus. D'où, ce monde n'existera plus. Tel, il est écrit encore dans le livre de l'Apocalypse 20v11 :

" Puis je vis un grand trône blanc, et celui qui était assis dessus. La terre et le ciel s'enfuirent devant sa face, et il ne fut plus trouvé de place pour eux. "

Cette terre et ce ciel seront remplacés, par de nouveaux. C'est-à-dire ; une nouvelle terre, et un nouveau ciel.

Voir Apocalypse 21v1 : " Puis je vis un nouveau ciel et une nouvelle terre ; car le premier ciel et la première terre avaient disparu, et la mer n'était plus. "

Voilà, en somme, comment est-ce que, les choses vont se passer ! Alors, il est donc clair que, l'homme n'est sur la terre que pour le tri qui se fait, entre les fils et les filles du royaume, et les fils et les filles du malin.

C'est même pour cette raison, que le Seigneur Jésus-Christ compare le royaume des Cieux, à un filet ; lorsqu'il déclare dans le livre de Matthieu 13v47-51 :

" Le royaume des cieux est encore semblable à un filet (l'instrument de capture : Le royaume de Dieu) jeté dans la mer (ou les humains dans l'Apocalypse 17v15) et ramassant des poissons (les humains qui écouteront ce message) de toute espèce. Quand il est rempli, les pêcheurs (qui sont les anges) le tirent ; et, après s'être assis sur le rivage, ils mettent dans des vases ce qui est bon (les fils et les filles du royaume), et ils jettent ce qui est mauvais (les fils et les filles du diable). Il en sera de même à la fin du monde. Les anges viendront séparer les méchants d'avec les justes, et ils les jetteront dans la fournaise ardente, où il y aura des pleurs et des grincements de dents. Avez-vous compris toutes ces choses ? Oui, répondirent-ils. "

L'HOMME SUR LA TERRE

Après, le péché (le diable) devenant maître, et Adam son esclave ; l'Eternel Dieu fut obligé de lui former un corps humain. Car pour vivre sur l'actuelle terre, il faut avoir la même matière que, elle. Et aussi, la terre avait déjà été créée comme une réserve de l'Eternel. Seulement rien n'y existait, comme il a été vu plus haut : Ni homme ni animal, ni oiseau, ni plante, ...

Voir Genèse 2v4-5 : " Voici les origines des cieux et de la terre, quand ils furent créés. Lorsque l'Éternel Dieu fit une terre et des cieux, aucun arbuste des champs n'était encore sur la terre, et aucune herbe des champs ne germait encore : car l'Éternel Dieu n'avait pas fait pleuvoir sur la terre, et il n'y avait point d'homme pour cultiver le sol."

Après avoir fait pleuvoir ; l'Eternel Dieu fit pousser les plantes sur la terre. Les plantes de toute espèce. C'est-à-dire, sous l'action de la pluie, comme vu précédemment ; et qui se confirme dans le livre du prophète Esaïe 55v10 :

" Comme la pluie et la neige descendent des cieux, et n'y retournent pas sans avoir arrosé, fécondé la terre, et fait germer les plantes, sans avoir donné de la semence au semeur et du pain à celui qui mange. "

Après les plantes de tout espèce, l'Eternel Dieu, avec de la terre, va d'abord créer l'homme. Tel, il est écrit dans la Genèse 2v7 :

" L'Éternel Dieu forma l'homme de la poussière de la terre, il souffla dans ses narines un souffle de vie et l'homme devint un être vivant. "

Puis, il va créer le règne animal, les oiseaux, les poissons, comme il est écrit dans la Genèse 2v19-20 :

"L'Eternel Dieu forma de la terre tous les animaux des champs et tous les oiseaux du ciel, et il les fit venir vers l'homme, pour voir comment il les appellerait, et afin que tout être vivant portât le nom que lui donnerait l'homme. Et l'homme donna des noms à tout le bétail, aux oiseaux du ciel et à tous les animaux des champs ; mais pour l'homme, il ne trouva point d'aide semblable à lui."

L'homme n'était qu'un corps unique. Mais, dans cet unique corps se trouvait en esprit ; deux êtres. L'homme et la femme. Tandis que le reste de la création animale et autres, étaient en couple. Ainsi, l'Eternel Dieu va séparer la femme de l'homme, afin qu'ils soient deux êtres humains distincts. Et, ceci, textuellement, comme on l'avait vu plus haut, dans la Genèse 2v22-23 :

"Alors l'Eternel Dieu fit tomber un profond sommeil sur l'homme ; qui s'endormi (mourut) ; il prit une de ses côtes, et referma la chair à sa place. L'Eternel Dieu forma une femme de la côte qu'il avait prise de l'homme, et il l'amena vers l'homme. Et l'homme dit : Voici cette fois celle qui est os de mes

os et chair de ma chair (celle qui a le même squelette et la même peau que moi) ! On l'appellera femme, parce qu'elle a été prise (extraite) de l'homme."

Adam devenu humain avec les déclarations de l'Eternel, lesquelles n'étaient pas accomplies dans les cieux où ils étaient, les deux. Et donc, entant qu'humain ; Adam devient porteur de deux semences. Celle de Dieu, et celle de celui fut substitué en ennemi : Le malin. Adam porteur des semences, et sa femme qu'il va nommer « Eve », conceptrice de ces semences jusqu'à maturité ; c'est-à-dire jusqu'à la naissance. Tel qu'il est écrit dans la Genèse 3v20 :

"Adam donna à sa femme le nom d'Eve ; car elle a été la mère de tous les vivants."

Ils sont devenus des êtres humains, alors, Adam doit sortir toutes les différentes semences qui sont en lui, en des êtres humains. Ainsi leur premier rapport sexuel, donnera leur premier fils Caïn, et leur deuxième rapport sexuel donnera Abel leur deuxième fils. Ils ont eu plusieurs enfants ; des fils comme des filles.

"Adam connut Eve, sa femme ; elle conçut, et enfanta Caïn, et elle dit : J'ai formé un homme avec l'aide de l'Eternel. Elle enfanta encore son frère Abel. …" (Genèse 4v1-4)

Ils eurent aussi bien des filles que des garons. On peut lire cela dans la Genèse 5v4,5 :

" Les jours d'Adam, après la naissance de Seth, furent de huit cents ans ; et il engendra des fils et des filles. Tous les jours qu'Adam vécut furent de neuf cent trente ans ; puis il mourut. "

Adam et Eve savaient qu'ils avaient eu leur premier fils avec l'aide de l'Eternel. Cela n'était que juste. Car c'est lui qui permet à la femme de concevoir, et d'enfanter. Mais, le problème est que les enfants qui naitront pourront provenir soit de la semence de Dieu, soit de la semence du malin. Car, en Adam se trouvent deux types de semences. Mais pour les parents ; ce sont leurs enfants. Mêmes les enfants eux-mêmes, sans cette connaissance ici, ne peuvent se reconnaître dans leurs origines. Ils peuvent même douter de leur origine, malgré la connaissance de cette vérité. Le Seigneur Jésus-Christ disait :

Voir Matthieu 7v16- 18 : " Vous les reconnaîtrez à leurs fruits. Cueille-t-on des raisins sur des épines, ou des figues sur des chardons ? Tout bon arbre porte de bons fruits, mais le mauvais arbre porte de mauvais fruits. Un bon arbre ne peut porter de mauvais fruits, ni un mauvais arbre porter de bons fruits. ''

Ces passages font allusion à l'homme. Tout homme est reconnu par son comportement (ou fruits) ; à savoir s'il est bon ou méchant (ou mauvais). Car, un homme bon ne peut jamais être mauvais (ou méchant), et un homme mauvais ne peut pas être bon. Car être bon ; c'est un caractère, de-même, être mauvais en est aussi un autre contraire. Adam donc libère les semences qui sont en lui, et sa femme grâce au mécanisme divin de fécondation, elle les conçoit, et les sort dans le monde par le phénomène dit : « Accouchement ». Donc, par la naissance. Les mauvais ne deviennent pas mauvais, mais ils sont mauvais depuis les ventres de leurs mères, et ils naissent mauvais (filles ou fils).

Voir Psaumes 58v4 : "Les méchants (mauvais) sont pervertis dès le sein maternel, les menteurs (les bons) s'égarent au sortir du ventre (à la naissance) de leur mère.''

Ainsi ; les deux premiers fils d'Adam et d'Eve avaient chacun un comportement qui les distingueront. Caïn n'avait pas une haute considération pour l'Eternel, mais Abel en avait au-delà. Cela se fait voir, à partir des offrandes qu'ils donnèrent à Dieu. Bien que, Caïn, sachant ce qui plais à l'Eternel Dieu, en matière d'offrandes, mais, pour lui, il ne jugea pas utile, les exigences de l'Eternel. Tel qu'on peut voir dans la Genèse 4v3-5 :

" ... Caïn fit à l'Eternel une offrande des fruits de la terre ; et Abel de son côté, en fit une des premiers-nés de son troupeau et de leur graisse. L'Eternel porta un regard favorable sur Abel et son offrande ; mais il ne porta pas un regard favorable sur Caïn et sur son offrande. Caïn fut très irrité, et son visage fut abattu.''

Les deux enfants, chacun selon son esprit, sa nature originale, offrit à l'Eternel une offrande. On n'offre point à l'Eternel les plantes pour l'adorer. Mais l'animal. Caïn voyait comment ses parents faisaient, en famille. Ainsi sans comprendre, et sans révélation, lui, offre à l'Eternel, les fruits de la terre. Son frère par révélation offre un animal. Car, c'était pour la première fois ; tandis que, pour leur père Adam, cette tradition lui était fréquente. Ces deux façons d'adorer Dieu n'ont pas les mêmes valeurs. Ce qui montre que les deux enfants n'avaient pas la même considération pour Dieu. L'un avait moins de considération ou presque pas ; tandis que l'autre en avait beaucoup plus. Or, tout ce qui est de Dieu, élève Dieu. Et tout ce qui n'est pas de Dieu, ne peut pas élever Dieu. Au contraire, l'abaisse. On peut abaisser Dieu, par le langage, ou par le comportement. Sauf par ignorance. Mais Caïn n'était pas ignorant. Il connaissait l'Eternel Dieu. Pourquoi ne l'a-t-il pas élevé ; il l'a au contraire méprisé ? Certainement ; c'est la semence qui a joué et qui était en train de jouer en lui.

Mais, il y'aura pire que ça ! Lorsque l'Eternel Dieu révéla à Caïn la présence de Satan, et le plan que Satan voulait accomplir. Et que, c'est par lui que le diable voulait le réaliser. Or, les humains pouvaient dominer sur le diable. Et, Dieu lui demande de dominer. Mais cela avait été impossible pour Caïn de le faire. Et cela, à cause de sa nature. Finalement, le diable va utiliser Caïn qui est sa semence pour tuer Abel (l'adorateur de l'Eternel). Tel qu'on pourrait lire dans le livre de la Genèse 4v7-8 :

" … le péché (le diable) se couche à la porte, et ses désirs se portent vers toi : mais domine sur lui. Cependant adressa la parole à son frère Abel ; mais, comme ils étaient dans les champs, Caïn se jeta sur son frère Abel, et le tua." (Genèse 4v7-8)

C'est ici le deuxième caractère de Caïn. Son comportement montre qu'en lui, il n'y avait rien de bien. Et donc, la parole de Dieu n'avait pas d'effets en lui. Mais par contre celle du diable se manifestait sans problème en lui. Leurs parents savaient simplement qu'il s'agissait de leurs enfants, bien que, sachant que Caïn a tué son frère cadet. Car, leur mère va le reconnaître lorsqu'elle dira dans le livre la Genèse 4v25 :

" Adam connut encore sa femme ; elle enfanta un fils, et l'appela du nom de Seth, car, dit-elle, Dieu m'a donné un autre fils à la place d'Abel, que Caïn a tué. "
La troisième attitude de Caïn, lorsque l'Eternel Dieu lui demande : Où ton frère ?
Il répond insolemment à l'Eternel Dieu : Suis-je le gardien de mon frère ? Caïn n'avait donc ni crainte, ni aucun respect pour l'Eternel. Et tout ceci ; c'est la nature qui est en lui qui se manifestait ainsi. Et l'Eternel le sait fort bien. Mais il est lent à la colère, et riche en bonté. Cependant, Caïn, lui de sa part, ne se rendait pas compte de son mauvais

comportement. Car, le méchant ne sait pas, s'il est mauvais. Mais, pour lui, il est toujours bon. Et ce qu'il fait est toujours bien.

"L'Eternel dit à Caïn : Où est ton frère Abel ? Il répondit je ne sais pas ; suis-je le gardien de mon frère ? Qu'as-tu fait ? La voix du sang de ton frère crie de la terre qui a ouvert sa bouche pour recevoir de ta main le sang de ton frère ?" (Genèse 4v9-11)

La révélation ne viendra plus clairement au sujet de Caïn, qu'avec le temps. Or, Caïn était du malin (fils du malin ou la semence de Satan le diable, dans Adam), et non de Dieu ; même si Dieu pouvait parler avec lui. Cela ne changerait aucunement pas, la nature de Caïn. Car, le méchant fait le mal, sans se rendre compte. Sauf, si quelqu'un d'autre lui fait du mal, en ce moment-là, il juge l'autre de mauvais.

"Ne ressemblez pas à Caïn, qui était du malin, et qui tua son frère. Et pourquoi le tua-t-il ? Parce que ses œuvres étaient mauvaises (mauvais fruits), et que celles de son frère étaient justes (bon fruits)." (1 Jean 3v12)

Ainsi, sur la terre, et donc dans des familles, les humains naissent en deux appartenances ; soit de Dieu, soit du malin. Et, c'est la parabole du semeur qui apporte de la lumière à ce sujet.

L'Eternel avait son projet de faire son royaume, où il serait lui-même Roi ; et le malin vint y foutre le désordre, alors qu'Adam avait le monde en lui. C'est-à-dire en son sein. Il fit que dans Adam se trouve deux sortes de semences, outre que celle de Dieu, la tienne aussi ; Dieu va vouloir que toutes les semences sortent d'Adam jusqu'à la dernière, pour permettre le triage, et que les fils du royaume soient récupérés pour que le plan (ou le projet) de Dieu qui ne peut échouer, ni être bloqué, puisse se réaliser, ou continuer son cour.

Voir Matthieu 13v24-30 : "Il leur proposa une autre parabole, et il dit : Le royaume des cieux est semblable à un homme qui a semé une bonne semence dans son champ. Mais, pendant que les gens dormaient, son ennemi vint, sema de l'ivraie (mauvaise semence) parmi le blé, et s'en alla. Les serviteurs du maître de la maison vinrent lui dire : Seigneur, n'as-tu pas semé une bonne semence dans ton champ ? Il leur répondit : C'est un ennemi qui a fait cela. Et les serviteurs lui dirent : Veux-tu que nous allions l'arracher ? Non, dit-il, de peur qu'en arrachant l'ivraie, vous ne déracinez en même temps le blé. Laissez croître ensemble l'un et l'autre jusqu'à la moisson, je dirai aux moissonneurs :

Arrachez d'abord l'ivraie, et liez-la en gerbe pour la brûler, mais amassez le blé dans mon grenier. " (Matthieu 13v24-30)

Dans les paraboles, il y a des choses cachées, depuis l'origine du monde. Des choses que les humains ne savaient pas ou jamais. Seul, par un plan divin, que ces choses seront livrées aux humains. Ceux dits : « Les disciples de Christ ». Car, c'est ce qui est écrit dans le livre de Matthieu 13v34-35 :

" Jésus dit à la foule toutes ces choses en paraboles, et il ne lui parlait point sans parabole, afin que s'accomplît ce qui avait été annoncé par le prophète (Esaïe)   *:*
J'ouvrirai ma bouche en paraboles, je publierai des choses cachées depuis la création du monde. "

Dans les paraboles, se trouvent beaucoup de choses, lesquelles ont existées depuis la création du monde. Ainsi, tant que, l'éclaircissement n'est pas donné s'agissant une parabole ; il est impossible, que le monde connaisse, ce qui était passé au commencement. Alors, on pourra maintenant, savoir, ce qui était justement passé, au jardin d'Eden.

Cette parabole n'était pas destinée à tous ceux qui sont venus à Jésus ce jour-là ; car, après avoir ainsi parlé, et que les foules se dispersèrent, la séance était terminée, le Seigneur se mit à parler à ses disciples (apôtres) sans parabole. Il leur fit connaître en fait de quoi, il s'agissait.

Voir Matthieu 13v37-43 : "Celui qui sème la bonne semence ; c'est le Fils de l'homme (le Christ) ; le champ, c'est le monde ; la bonne semence, ce sont les fils du royaume, l'ivraie, ce sont les fils du malin ; l'ennemi qui l'a semée, c'est le diable ; la moisson, c'est la fin du monde ; les moissonneurs, ce sont les anges. Or, comme on arrache l'ivraie et qu'on l'a jeté au feu, il en sera de même à la fin du monde. Le Fils de l'homme enverra ses anges, qui arracheront dans son royaume tous les scandales et ceux qui commettent l'iniquité ; et ils les jetteront dans la fournaise ardente, où il y aura des pleurs et des grincements de dents. Alors les justes resplendiront comme le soleil dans le royaume de leur Père. ..." (Matthieu 13v37-43)

Et donc, voilà de qui est composé la population du monde ! Des fils du royaume et des fils du malin. Ainsi, il peut arriver que dans toute une famille ; des parents aux enfants, tous soient des fils du malin. Parfois encore une composition de ceux du royaume avec ceux du malin. Il peut aussi arriver que tous soient de Dieu (fils du royaume). C'est ainsi que sont composées les familles de la terre, les hommes dans la société. Les fils du royaume ont une nature différente à celle des fils du malin.

Et donc, il y a des enfants qui peuvent avoir des pratiques occultes, tandis que leurs parents, non ! Ces gens sont capables d'introduire des scandales dans la famille, ainsi que l'iniquité. Ils créent des adversités au sein de la famille, des divisions, des disputes et des querelles à tout moment, et de façon permanente.

Ils sèment du trouble dans la société. Et, lorsqu'ils ont fait de brillantes études, et qu'ils soient employés dans une entreprise pour y exercer leurs prestations ; ils créent des troubles et des scandales dans la société, au point de faire du mal aux autres. Ils querellent et disputent avec les autres, ceux qui n'ont pas la même nature qu'eux. Et, lorsqu'ils font ces choses entre eux, les gens de même nature ; ils ne se réconcilient pas facilement. Et, ce sont des rancunes interminables. Des semblants de réconciliations, celle des lèvres et non des cœurs. Ils tuent ou font souffrir facilement les autres. C'est pourquoi ; lorsqu'ils sont à la tête des Etats ; leurs peuples souffrent. Ils sont souvent dictateurs, imposants, malin, et tout. En fait, partout où ils peuvent être ; ce ne sont pas les choses de Dieu qui les intéressent, mais, les choses que Dieu interdit. Ainsi, ils sont beaucoup plus proches de mauvaises choses, que de bonnes choses. Ils donnent aux autres des conseils dont souvent le fond est pour un mauvais but. Ils tendent des pièges aux autres, sans problème. Seulement, parce qu'ils veulent atteindre un but. Et cela, ils ne le font pas dans la tranquillité. Mais ils pensent toujours à gagner au détriment des autres. Seulement, lorsque les fils du malin font des choses pareilles, ils ne trouvent pas, qu'ils agissent mal. Ainsi, ils pensent que cela est tout à fait normal ! Car, ils doivent accomplir, vouloir ou pas, ce qu'ils ont besoin. Alors, on retrouve dans les familles, dans les milieux de vie sociales autres, des personnes avec qui, on ne peut vivre ensemble.

En réalité, les enfants du malin entre eux, ne trouvent pas leur façon de faire mauvais. Pour eux, c'est normale ! Et, dans tout cela, ce sont les fils du royaume de Dieu qui paient le prix. Ils souffrent des injustices sociales, des rancunes de la part des enfants du méchant. Des humains qui n'aiment pas du tout la paix, même si vous la

semez   avec   eux.
Ainsi, étant donné que, la nature des fils du royaume est totalement opposée à celle des fils du malin ; que l'on veut ou pas, une vie paisible ensemble avec eux   reste   impossible   de   rêver.
Le malin, lui-même, dans sa seconde nature ; il a des qualifications telles que, ceux qui descendent de lui, ne peuvent rien avoir de convenable à la bienséance, dans le mode de vie au sein d'une société hétérogène.

Alors, vouloir ou non, la parabole demande qu'on vit tous ensemble, jusqu'au temps de la moisson. Ce temps, qui n'est autre que, la fin de système déplorable   du   monde   actuel.
Ainsi, avant de voir le système d'organisation spirituelle, et mondiale des fils du malin ; on devrait tout d'abord voir quelque chose, en ce qui concerne Satan, le diable.

LA NATURE SECONDAIRE DE LUCIFER (EX ANGE DE LUMIERE)

Pour parler de Satan le diable, ici, il sera seulement question d'évoquer les différentes   facettes   de   sa   nature.
En effet, la Bible est, et reste le seul ouvrage dans le monde, lequel parle trop bien de Satan. Cet être qui fut banni de Dieu, qui le créa, étant devenu corrompu ; évidemment, c'est de cette corruption que nous parlerons !

Les différentes appellations de Lucifer, après sa corruption sont présentées dans les Saintes-Ecritures ; de façon claire. Ainsi, c'est par les versets bibliques que nous les dénicherons, un à un !

Cet être au départ était un ange de lumière. C'est-à-dire ; un ange de Dieu. Devenu corrompu ; Dieu le destitua. Et, enfin de compte, il n'aura plus de place au ciel, avec les autres anges qui sont restés, de la lumière. Etant un chef d'un grand nombre d'anges de Dieu ; il réussit d'entrainer auprès de lui, par sa ruse ; un certain nombre d'autres anges, lesquels subirent le même genre de bannissement que lui. Depuis lors, la solution prise : Ils ne devaient plus vivre au ciel, avec les autres anges qui ont gardé la loi de Dieu en eux, et la mettent en pratique, sans omettre une seule lettre.

La Bible appelle Lucifer aujourd'hui, ou depuis après la chute : Le grand dragon, le serpent ancien, le diable, et Satan.

Voir Apocalypse 12v7-9 : " Et il y eut guerre dans le ciel. Michel et ses anges combattirent contre le dragon. Et le dragon et ses anges combattirent, mais ils ne furent pas les plus forts, et leur place ne fut plus trouvée dans le ciel. Et il fut précipité, le grand dragon, le serpent ancien (donc de la Genèse), appelé le diable et Satan, celui qui séduit toute la terre, il fut précipité sur la terre, et ses anges furent précipités avec lui. "

Ici, il est : - Le grand dragon

- Le serpent ancien

- Le diable

- Satan

Et, chacune de ces appellations revêt une nature spécifique.

LE DRAGON

Le dragon est un animal imaginaire, dont seul la Bible apporta la connaissance dans le monde. Et, seule la Bible sait de quoi, il s'agit, lorsqu'elle emploie cette appellation.

Les Dictionnaires ordinaires et encyclopédies présentent le dragon, comme un monstre fabuleux au corps de reptile, présent dans les récits légendaires de la quasi-totalité des cultures.

Ainsi, dans plusieurs cultures, le dragon se trouve comme symbole de bienfaisance. Par exemple en Chine.

En Chine, on parle, avec précision, duquel dragon s'agit-il, chez eux. Il est clair, qu'il s'agit « du dragon rouge ». Et, le dragon rouge nettement, bibliquement ; c'est Lucifer. Voir Apocalypse 12v3 :

" Un autre signe parut encore dans le ciel ; et voici, c'était un grand dragon rouge, ayant sept têtes et dix cornes, et sur ses têtes sept diadèmes. "

Mais, dans la Bible, dont est issu cette appellation ; le dragon rouge ; c'est lui Satan le diable. C'est son rôle de destructeur qu'il porte par cette appellation.

Et donc, ce rôle est mieux précisé dans le livre de Jean 10v10 :

" Le voleur ne vient que pour dérober, égorger et détruire ; moi, je suis venu afin que les brebis aient la vie, et qu'elles soient dans l'abondance. "

Ainsi, le rôle que le dragon joue, n'est pas bon. Et donc, il ne fait pas partie de la nature divine. Car, ses devoirs contre les humains sont :

- Dérober : C'est une façon de s'approprier indument (ou une manière inopportune, une manière injustifiée), quelque chose. C'est aussi cette façon-

là, qui consiste à dissimuler (soustraire quelque chose à la vue ou à toute perception, ou empêcher un sentiment de transparaître, donc cacher ; une façon de ne pas révéler quelque chose, dans l'intention frauduleuse ; déguiser ses sentiments, et ne pas révéler ses intentions réelles ; c'est faire écran) à la vue ou la connaissance. Voilà ce que fait Lucifer, entant que dérobeur !

- Egorger : C'est une façon de tuer en tranchant la gorge de quelqu'un ou d'un animal. C'est aussi une façon qui consiste à faire payer à quelqu'un, une somme exorbitante, ou de façon exagérée. Et, c'est ce que Satan le diable fait aux humains, lorsque ceux-ci, au désespoir, s'approchent de lui.

- Détruire : C'est faire disparaître quelque chose ou une personne. Réduire, en mettant à néant quelque chose ou une personne (ou dévaster). Mais, c'est encore une façon de causer une déchéance de quelque chose ou de quelqu'un.

Voilà en somme, ce que fait le serpent ancien, le grand dragon !

Il est encore dit à son sujet, dans le livre Jean 8v44 :

" Vous avez pour père le diable, et vous voulez accomplir les désirs de votre père. Il a été meurtrier dès le commencement, et il ne se tient pas dans la vérité, parce qu'il n'y a pas de vérité en lui. Lorsqu'il profère le mensonge, il parle de son propre fonds ; car il est menteur et le père du mensonge. "

Il est meurtrier ; c'est là, son rôle de tuer en égorgeant. Il n'a point en lui de vérité. Et, il est menteur. A cela s'ajoute de l'orgueil, et bien d'autres choses.

Il est encore dit de lui, dans l'épitre de 1 Pierre 5v8 :

" Soyez sobres, veillez. Votre adversaire, le diable, rôde comme un lion rugissant, cherchant qui il dévorera. "

Le diable rôde ! C'est-à-dire ; qu'il fait de allées et venues suspectes (autour de quelqu'un ou de quelque chose). C'est une façon de déambuler ou entraîner sans but précis. Or, il le fait textuellement, comme fait le lion, à la quête de quelque chose, ou d'une proie. Et, le lion qui rugit, lance des cris de violences, un bruit puissant. Et, c'est de cette façon-là, que rugit le diable. Ainsi, il n'est pas près de pardonner, ou d'avoir pitié. S'il trouve par-là, une opportunité ; il dévore sa victime.

REMARQUES TRES IMPORTANTES 3

Le diable fait ces choses dans plusieurs secteurs de la vie des êtres vivants. Et, sa cible principale ; c'est l'être humain. C'est pourquoi, il est capable de beaucoup de choses.

- Tel que dans les foyers : Lorsque les partenaires mènent une vie d'abstinence ; il vient pour faire une proposition aux conjoints, dans le but de semer la division ou la séparation du couple. Tel qu'il est écrit dans le livre de 1 Corinthiens 7v5 :

" Ne vous privez point l'un de l'autre, si ce n'est d'un commun accord pour un temps, afin de vaquer à la prière ; puis retournez ensemble, de peur que Satan ne vous tente par votre incontinence. "

L'incontinence ; étant, le fait de manquer de contrôle en certaines choses, ou comportements ; ainsi, en matière conjugale, sur le niveau des rapports sexuels ; il y a des personnes qui ne résistent pas du tout devant les relations ou désires sexuels. Ainsi, cette attitude donne l'opportunité au diable, et, il va créer un moyen d'une rencontre avec l'une de ses filles ou l'un de ses fils. Car, sachant, que celui-ci ou celui-là ne pourra plus résister. Et, une fois, la chose faite ; celui-ci ou celui-là, s'y attache, et alors, il excite des réactions lesquelles vont pousser à la séparation du couple, ou à une certaine vie abusive d'impudicité. Mais, tout passe par une sorte de tentation d'abord, avant que, lui vienne agir. C'est pourquoi, il est important de comprendre tout ce mécanisme ; afin de ne pas se laisser entraîner par les désirs sexuels non contrôlés. Car, il est mieux de ne pas poser un acte, que de le poser, puis regretter ensuite.

Tenter : C'est une façon d'entreprendre une démarche, en vue d'atteindre un résultat pour lequel, on n'est pas sûr. C'est aussi une façon de séduire, en suscitant un désir, l'intérêt ou l'envie de quelqu'un. C'est encore une façon d'inciter quelqu'un à commettre un péché ou un délit soutenu.

- Tel que dans les Etats ; le diable fait le mal en passant par le canal de certaines autorités. Les autorités, que ce soient civiles ou militaires ou même, les autorités publiques, à l'instar des grandes stars, etc. Tel que l'exemple du roi David, pour lequel, le diable de mauvais œil, voulait faire souffrir le peuple d'Israël. Le diable était passé par le roi David. En l'excitant à faire, ce qui était interdit à n'importe qui de faire ; si ce n'est au souverain sacrificateur seul, et cela, par ordre de l'Eternel. Et, ce, dans le but d'entraîner Israël dans le malheur. Cela peut être lu dans le livre de 1 Chroniques 21v1-12 :

" *Satan se leva contre Israël, et il excita David à faire le dénombrement d'Israël. Et David dit à Joab et aux chefs du peuple : Allez, faites le dénombrement d'Israël, depuis Beer-Schéba jusqu'à Dan, et rapportez-le-moi, afin que je sache à combien il s'élève. Joab répondit : Que l'Éternel rende son peuple cent fois plus nombreux ! O roi mon seigneur, ne sont-ils pas tous serviteurs de mon seigneur ? Mais pourquoi mon seigneur demande-t-il cela ? Pourquoi faire ainsi pécher Israël ? Le roi persista dans l'ordre qu'il donnait à Joab. Et Joab partit, et parcourut tout Israël ; puis il revint à Jérusalem. Joab remit à David le rôle du dénombrement du peuple : il y avait dans tout Israël onze cent mille hommes tirant l'épée, et en Juda quatre cent soixante-dix mille hommes tirant l'épée. Il ne fit point parmi eux le dénombrement de Lévi et de Benjamin, car l'ordre du roi lui paraissait une abomination. Cet ordre déplut à Dieu, qui frappa Israël. Et David dit à Dieu : J'ai commis un grand péché en faisant cela ! Maintenant, daigne pardonner l'iniquité de ton serviteur, car j'ai complètement agi en insensé ! L'Éternel adressa ainsi la parole à Gad, le voyant de David : Va dire à David : Ainsi parle l'Éternel : Je te propose trois fléaux ; choisis-en un, et je t'en frapperai. Gad alla vers David, et lui dit : Ainsi parle l'Éternel : Accepte, ou trois années de famine, ou trois mois pendant lesquels tu seras détruit par tes adversaires et atteint par l'épée de tes ennemis, ou trois jours pendant lesquels l'épée de l'Éternel et la peste seront dans le pays et l'ange de l'Éternel portera la destruction dans tout le territoire d'Israël. Vois maintenant ce que je dois répondre à celui qui m'envoie.* "

- Tel qu'il en avait fait avec Adam, en passant par la femme (ou l'autre être) qui était avec lui. En fait, pourquoi donc l'autre être ? Car, le nom femme ; ce n'est pas venu de Dieu ; mais de l'autre être, qui resta dans leur premier corps, lorsqu'ils furent créés avec de la poussière de la terre. Etant des êtres spirituels avant de devenir charnels ; ils n'avaient pas de corps physiques. Ainsi, ils n'avaient pas de sexe, pour parler de l'homme, et de la femme, comme, on en a vu précédemment. Le diable, alors le serpent, s'approchera d'eux, car, ils partageaient une seule couverture corporelle spirituelle. Et, cela faisait qu'ils étaient toujours ensembles. Tel qu'on peut le lire dans le livre de la Genèse 3v1-6 :

" *Le serpent était le plus rusé de tous les animaux des champs, que l'Éternel Dieu avait faits. Il dit à la femme : Dieu a-t-il réellement dit : Vous ne mangerez pas de tous les arbres du jardin_? La femme répondit au serpent :*

Nous mangeons du fruit des arbres du jardin. Mais quant au fruit de l'arbre qui est au milieu du jardin, Dieu a dit : Vous n'en mangerez point et vous n'y toucherez point, de peur que vous ne mouriez. Alors le serpent dit à la femme : Vous ne mourrez point ; mais Dieu sait que, le jour où vous en mangerez, vos yeux s'ouvriront, et que vous serez comme des dieux, connaissant le bien et le mal. La femme vit que l'arbre était bon à manger et agréable à la vue, et qu'il était précieux pour ouvrir l'intelligence ; elle prit de son fruit, et en mangea ; elle en donna aussi à son mari, qui était auprès d'elle (ou avec elle ensemble), et il en mangea. "

C'était l'autre être, lorsqu'ils avaient alors, des corps physiques séparés ; c'est alors, qu'ayant constaté la différence entre eux deux ; et dit-il : C'est « la femme ». C'est-à-dire : « L'opposée de l'homme », corporellement. Voir Genèse 2v 23 :

" Et l'homme dit : Voici cette fois celle qui est os de mes os et chair de ma chair ! on l'appellera femme, parce qu'elle a été prise de l'homme. "

Dieu dit : Tu mourras, si tu en mange !

Lui dit : Tu ne mourras point !

Le problème ici ; Dieu parle de la mort qui est la destruction de l'âme ; et, le diable, lui, parle de la destruction du corps céleste. Ainsi, après avoir mangé ; ce n'est pas le corps qui va être détruit ; mais c'est plutôt l'âme qui sera vouée à la destruction dans le feu éternel.

Ainsi, tous les humains n'étant pas encore sortis des entrailles d'Adam lorsqu'il transgresse la loi établie par l'Eternel Dieu. Et, en lui ; toutes les races qui constituent sa descendance seront touchés par cette condamnation, de la parole prononcée par Dieu : « Tu mourras ! »

Voir Genèse 2v16-17 : " L'Éternel Dieu donna cet ordre à l'homme : Tu pourras manger de tous les arbres du jardin ; mais tu ne mangeras pas de l'arbre de la connaissance du bien et du mal, car le jour où tu en mangeras, tu mourras. "

Voilà, comment le diable multiplie ses tactiques pour faire tomber l'homme, et aussi, l'Eglise du Seigneur.

Tel qu'avec l'Eglise du Seigneur : Il envoie ses serviteurs (hommes et femmes), en piégeant l'Eglise. Ainsi, en cas de manque de prudence, sur le respect dû à l'observation des critères d'engagement dans les services sacrés ; il fasse entrer, les siens dans les services sacrés, dans une Eglise locale. Et cela, dans le but d'introduire les interdits. Puis par la suite ; il se met à se moquer ou à calomnier l'Eglise, et par là, tout le reste des serviteurs de Dieu, même, ceux qui se conduisent bien. L'objectif final ; c'est de discréditer les serviteurs de Dieu, lesquels sont pour lui, des véritables ennemis.

 Voir 1 Timothée 3v7 : " Il faut aussi qu'il reçoive un bon témoignage de ceux du dehors, afin de ne pas tomber dans l'opprobre (ou la honte) et dans les pièges du diable. "

Les fils ou filles du diable, ne se convertissent pas. Ils ont un zèle positif, en ce qui concerne les choses du Seigneur. Mais, à la fin ; leur comportement retiendra les gens qui sont sous leur conduite, à ne point changer. C'est-à-dire ; l'absence de repentance, et de conversion. Ainsi, ces gens se diront être enfants de Dieu ; mais avec le comportement ou la conduite du diable. Le problème ici, ce n'est pas pour tout le monde ; mais, pour les fils et les filles du royaume, lesquels seront dans cette espèce de perdition. Car, croyant se trouver dans un bon endroit, puisque, eux aussi, parlent de Jésus-Christ ! Or qu'au fond, c'est dans le piège du diable, ou le filet de celui-ci, qu'ils sont tombés.

On remarquera alors, des serviteurs faux, qui se disent êtres de Dieu. Tel qu'on peut voir dans l'épitre de 2 Corinthiens 11v13-15 :

" Ces hommes-là sont de faux apôtres, des ouvriers trompeurs, déguisés en apôtres de Christ. Et cela n'est pas étonnant, puisque Satan lui-même se déguise en ange de lumière. Il n'est donc pas étrange que ses ministres aussi se déguisent en ministres de justice. Leur fin sera selon leurs œuvres. "

N.B : Il y a tellement des cas à citer, que l'on peut s'arrêter à ces quelques-uns cités en terme d'exemples.

Alors, si le diable lui-même agit de la sorte contre les fils du royaume ; comment agiront ses fils et ses filles ? Et, encore, comment utilisera-t-il ses propres fils et filles contre ceux de Dieu ?

LES ORGANISATIONS SPIRITUELLES DES FILS DU MALIN

Les fils du malin sont profondément organisés au point où, sur la terre entière ne figurent plus que des organisations des fils et filles du malin en grand nombre. Il eut un temps où ils faisaient leurs choses en cachette.

Mais depuis que Satan a constaté, que le temps pour lui et ses anges est presque arrivé à la fin ; ils ont été obligés de multiplier des stratégies, dont le but est celui d'entrainer les fils et les filles du royaume avec eux. Et, c'est grâce à une puissance extraordinaire de séduction ; ils attirent les fils et les filles du royaume, comme un aimant attire tout ce qui est métallique ; rouillés et non rouillés.

Mais, dans cette façon de faire ; ce qui est visé ; c'est l'attraction des fils et filles du royaume. Car pour les fils et filles du malin ; cette attraction n'a point d'effet.   Ils   sont   tous   de   cette   nature. Ils attirent et encerclent dans leurs religions et sectes, les fils et filles du royaume. Ils les assistent formidablement, ils donnent ce qui est nécessaire dans   la   vie   terrestre ! Et, les exigent à être hostiles à la Bible, et contre ceux qui annoncent des vérités bibliques. Ils portent contre la Bible et les fils et filles de Dieu, ainsi que les serviteurs du royaume de Dieu ; des jugements injurieux, méprisants, humiliants. Et cela, dans le but de les discréditer. Et cela, surtout pour les empêcher de rentrer en contact avec les leurs, qu'ils retiennent captifs. Ils disent : « Voilà, ils veulent vous perdre du temps pour du n'importe quoi ! » les fils et filles du malin disent de la parole de Dieu : « C'est du n'importe quoi ».

Ils créent des organisations nommées aussi : « EGLISE », pour lutter contre celles qui sont réellement des fils et filles du royaume ainsi que leurs missionnaires.
Ils créent des amitiés avec les fils, les filles, et serviteurs de Dieu, en leur apportant de l'assistance matérielle et financière avec des discours dont les fondements sont terrestres ; dans le but uniquement de désorienter ceux-ci. Comme, on peut lire dans Matthieu 25v48,49 :

" Mais, si c'est un méchant serviteur (serviteur corrompu), qui dise en lui-même : Mon maître tarde à venir, s'il se met à battre ses compagnons, s'il mange et boit avec les ivrognes (ou les païens ; fils et filles du diable, ou encore fils et filles du royaume encore dans le monde). "

Et aussi dans le livre de Luc 12v45, 46 :

" Mais, si ce serviteur dit en lui-même : Mon maître tarde à venir ; s'il se met à battre les serviteurs et les servantes, à manger, à boire et à s'enivrer, le maître de ce serviteur viendra le jour où il ne s'y attend pas et à l'heure qu'il

ne connaît pas, il le mettra en pièces, et lui donnera sa part avec les infidèles (les incroyants, fils et filles du malin). "

Donc, dans leur amitié avec ceux du malin ; ceux du malin réussiront de convaincre ceux du royaume. Ainsi, ils se mettront à manger, boire de boissons alcoolisées. Ainsi, dans cette enthousiasme, ils se mettront à condamner les leurs, les humiliant, etc.

Et, parfois, pour les retenir dans leurs systèmes ; ils leur confient des genres des responsabilités pesantes et, mais qui les honorent ; lesquelles, ils ne peuvent attribuer aux fils ou filles du malin. Car Ils savent bien, que, c'est dans le but de distraire les fils et les filles du royaume, qu'ils leur donnent ces responsabilités. Et, cet afin que ceux-ci ne puissent pas se retirer, en cas d'une attraction positive de la part de la parole du royaume de Dieu, lorsqu'elle viendra à les visiter. Car, se disant : « J'ai des responsabilités d'autrui ! » Ils ne pourront plus quitter, pour les abandonner. C'est pourquoi, il est nécessaire de connaître ce que sont les œuvres des ténèbres, et comment elles sont pratiquées.

LES ŒUVRES DES TENEBRES

Les œuvres des ténèbres représentent des pratiques anormales dans leur ensemble. Des telles pratiques qui emmènent des scandales, et des iniquités dans la société, et lesquels enlèvent la paix et l'harmonie dans une vie d'ensemble. C'est par les œuvres des ténèbres que le mal se manifeste sur la terre, et dans le monde. Ainsi, si l'on peut arriver à parler du malin ; c'est parce qu'il y'a des humains qui sont issus de la semence du malin, et qui sont des acteurs de toutes ces choses mauvaises et déplorables dans le monde. Il est vrai que cela soit une nature en ceux-ci ; mais ils le font grâce à des forces qui leur guident, et leur inspirent, et dictent les comportements à tenir (ou conduites). Il est impossible qu'un méchant devienne « bon » ; même s'il peut arriver qu'un acte de bienfaisance soit posé par lui. Tel qu'il est écrit dans le livre de Matthieu 7v16-18 :

"Vous les reconnaîtrez par leurs fruits. Cueille-t-on des raisins sur des épines ou des figues sur des chardons (nom de plusieurs plantes très piquantes) ? Tout bon arbre porte de bons fruits, mais le mauvais arbre porte de mauvais fruits. Un bon arbre ne peut porter de mauvais fruits, ni un mauvais arbre porter de bons fruits."

Quel que soit le bien qu'on pourrait faire à un méchant, il ne pourrait changer. Car, il est ainsi. Et, c'est cela, sa nature. Il ne faut jamais s'aventurier à dire : « Je lui changerai » ! Quand on fait du bien au méchant dans le but de le changer, il trouve cela comme une faiblesse de la part de celui-ci ; un moyen pour lui d'exploitations, afin de se satisfaire. Et au jour de l'arrêt de ces actes ; il change de côté. Il part chez une autre personne qui pourrait lui apporter les mêmes services. Le méchant n'existe pas pour changer, mais, pour que le Seigneur Jésus-Christ fasse le triage qui va permettre la division entre les fils du royaume (les bons) et les fils du malin (les méchants).

Ils vivent, grâce à l'oxygène que Dieu donne à tous, sur la terre. Il leur permet aussi de vivre sur la terre, comme, ceux du royaume vivent. Ils partagent tous, des pluies comme le soleil, ainsi que tous les avantages du monde, etc. On peut le voir dans Matthieu 6v45 :

" afin que vous soyez fils de votre Père qui est dans les cieux ; car il fait lever son soleil sur les méchants et sur les bons, et il fait pleuvoir sur les justes et sur les injustes. "

Dieu seul sait pourquoi, en fait, ils doivent vivre. Sa réponse à ses ouvriers se trouve dans le livre de Matthieu 13v29-30 :

" Non, dit-il, de peur qu'en arrachant l'ivraie, vous ne déraciniez en même temps le blé. Laissez croître ensemble l'un et l'autre jusqu'à la moisson, et, à l'époque de la moisson, je dirai aux moissonneurs : Arrachez d'abord l'ivraie, et liez-la en gerbes pour la brûler, mais amassez le blé dans mon grenier. "

Pourquoi, dit-il : « De peur qu'en arrachant l'ivraie, vous ne déracinez en même temps, le blé » ?

C'est simple à comprendre !

« Les enfants du diable peuvent mettre au monde, les fils et les filles du royaume » ; de-même, « les fils et les filles du royaume peuvent mettre au monde aussi des fils et des filles du diable ».

Lorsqu'un être humain meurt avant le temps normal ; il meurt, avec toute la semence écrasée en lui. Et, cela créé encore du retard, car, il faudrait récupérer en ce dernier, ces êtres-là, pour les replacer dans une autre personne, laquelle sera capable de les sortir de nouveau, pour que la course continue. Car, tous les humains, placés dans Adam, devront sortir dans ce monde, jusqu'au dernier ; alors, viendra la fin que la Bible parle tant. Les genres des fruits ou les pratiques, ou encore les comportements que manifestent les forces des ténèbres sont les suivants :

"- Ces fruits ; les crimes (économiques, sociales, sanitaires, politiques, éducatifs,   etc.),
- Ces fruits ; les meurtres (assassinats par empoisonnement, par les armes de tout   espèces,   …),
- Ces fruits ; le mensonge sur les lèvres,
- Ces fruits ; le mal sur la langue (mauvais propos, maudire, comploter, etc.)
- Ces fruits ; étouffer la justice pour régner, gagner,
- Ces fruits ; se plaire tout en ayant tore, au fond,
- Ces fruits ; procéder sur des exemples non fondés pour faire passer le faux du vrais,
- Ces fruits ; penser le mal et l'accomplir,
- Ces fruits ; élever les œufs de la vipère, afin de les donner comme à manger ; et celui qui en mange, meurt,
- Ces fruits ; tisser des toiles d'araignée comme filet pour attraper ou capturer leur   victimes,
- Ces fruits ; Ce sont des actes de violence (agressions, enlèvements, des tortures sans raison, etc.),
- Ces fruits ; le courage de se déplacer pour aller faire le mal (enlèvements, voles, pillages, escroquerie, etc.),
- Ces fruits ; la rapidité pour répandre le sang (tuer) l'innocent,
- Ces fruits ; c'est toujours pensé le mal et non le bien,
- Ces fruits ; c'est le fait de ne pas connaître le chemin de la paix (réconciliation, arrangement pacifiquement),
- Ces fruits ; il n'y a pas de justice dans leurs cœurs, et prennent toujours des sentiments détournés." (Esaïe 59v3-8),
- Ces fruits ; se prosterner devant les images taillées (la figure d'un homme ou d'une femme, la figure d'animal, d'un oiseau, d'une bête, d'un poisson,
- Ces fruits ; se prosterner devant le soleil, la lune, les étoiles, toute l'armée des cieux (les esprits mauvais), pour élever un culte en leurs présences, et se mettre à les adorer" (Deutéronome 4v15-19),
- Ces fruits ; sacrifier les enfants (filles ou garçons) par le feu, à la demande des démons, pour des tiers intérêts,
- Ces fruits ; exercer le métier des devins, d'astrologues, d'augures, des magiciens, d'enchanteurs, d'évoquer les morts, de dire de bonnes aventures,

d'interroger des morts.'' (Deutéronome 18v10-11),
- Ces fruits ; le refus de donner la gloire à Dieu ; le refus de rendre grâce à Dieu pour toute chose ; les pensées plongées dans les ténèbres, ou penser essentiellement, ce qui est des ténèbres ; commettre des choses indignes. (Voir Romains 1v21-28).

La pratique de ces choses plonge encore dans une profondeur des ténèbres du mal ; car tous ces actes sont centrés sur des profits matériels de plusieurs natures comme :

"Les excès, l'ivrognerie, la luxure, l'impudicité, des querelles, des jalousies.'' (Romains 13v13)

"Les idolâtres, les efféminés, les voleurs, les cupides, les outrageux, les ravisseurs.'' (1 Corinthiens 6v9-10)

Les exigences de toutes ces pratiques poussent à :

"L'impureté (sorcellerie), la dissolution, la magie, les inimitiés, les animosités, les disputes, les divisions, les sectes, l'envie, les excès de table.'' (Ephésiens 5v4)

L'observation de ces pratiques est suivie d'un grand nombre d'interdictions, dont le viol conduit à des formes spécifiques de peines de malédictions. Afin que soient retenus dans ce système, toute personne déjà introduite. Tel qu'il est écrit dans l'épître des Colossiens 2v21-22 :

"Ne prends pas ! Ne goûte pas ! Ne touche pas ! préceptes qui tous deviennent pernicieux par l'abus, et qui ne sont fondés que sur les ordonnances et les doctrines des hommes.''

LE MONDE DES TENEBRES (SA PUISSANCE)

Les démons ont un monde ; c'est-à-dire une société qui se comporte d'une manière propre à eux ; et dont les actes les identifiants sont celles qui sont dits dessus (ou cités). Ce monde est appelé : « Le monde des ténèbres »

Voir Ephésiens 6v12 : " Car nous n'avons pas à lutter contre la chair et le sang, mais contre les dominations, contre les autorités, contre les princes de ce monde de ténèbres, contre les esprits méchants dans les lieux célestes. "

Il y'a toute une force qui impose aux humains la conduite du monde des ténèbres. Car, ces genres de comportements ne font pas partis de la lumière.

Le monde des ténèbres, n'est pas un monde simple. Il est sous l'autorité d'une puissance qui manipule tous les peuples de la terre ; et cela, sur tous les plans de la vie des êtres vivants, et donc dans toutes les sociétés qui sont dans le monde : Les Gaulois, les Bantous, les Peules, les Juifs, les Arabes, Etc.

Voir Apocalypse 17v15 :

" Et il me dit : Les eaux que tu as vues, sur lesquelles la prostituée est assise, ce sont des peuples, des foules, des nations, et des langues. "

Ainsi, tout se passe grâce à la puissance des ténèbres, voilà pourquoi, les choses se font facilement. La séduction, le mensonge, etc. La puissance en question agit par-rapport aux temps fixés ; comme, on peut le lire dans le livre de Luc 22v53 :

" J'étais tous les jours avec vous dans le temple, et vous n'avez pas mis la main sur moi. Mais c'est ici votre heure, et la puissance des ténèbres. "

Tous les humains naissent sous l'emprise de cette puissance. Et, ils sont délivrés par la grâce de Dieu, par l'amour de Dieu. Voir Colossiens 1v12-13 :

" Rendez grâces au Père, qui vous a rendus capables d'avoir part à l'héritage des saints dans la lumière, qui nous a délivrés de la puissance des ténèbres et nous a transportés dans le royaume du Fils de son amour. "

Cette puissance des ténèbres qui tient le monde captif appartient à Satan. C'est lui qui s'y exerce comme chef; en compagnie de ses collaborateurs, lesquels lui sont soumis : « Les démons ». Comme, il est écrit, dans le livre des Actes 26v18 :

" afin que tu leur ouvres les yeux, pour qu'ils passent des ténèbres à la lumière et de la puissance de Satan à Dieu, pour qu'ils reçoivent, par la foi en moi, le pardon des péchés et l'héritage avec les sanctifiés. "

Ainsi, tant que les yeux ne sont pas ouverts ; il est impossible que, les fils et les filles du royaume de Dieu quittent les ténèbres. Parce que, étant nés dans les ténèbres, grandis pour certains dans les ténèbres ; certains encore sont en train de vieillir, ou sont vieux dans les ténèbres ; cela devient toute une nature en eux. Voilà pourquoi, il est difficile pour eux, de les quittés. Tel, on peut lire dans le livre d'Ecclésiaste 12v3 :

" Mais souviens-toi de ton créateur pendant les jours de ta jeunesse, avant que les jours mauvais arrivent et que les années s'approchent où tu diras : Je n'y prends point de plaisir (dans la vieillesse). "

En plus, c'est par la grâce, par le moyen de la lumière que la parole de Dieu emmène dans les cœurs des fils et filles de Dieu, lesquels sont encore dans les ténèbres ; c'est cette lumière qui leur permet de quitter le monde des ténèbres, pour se rendre dans la lumière. De quitter la puissance de Satan pour aller à celle de Dieu. Car, d'une part, cette lumière leur apporte « le discernement », et ainsi, ils peuvent « observer distinctement les choses ». Puis faire la différence.

La lumière ; c'est la parole de Dieu. Tel qu'on peut lire dans les livres :

- Voir Psaumes 119v105 : " Ta parole est une lampe à mes pieds, et une lumière sur mon sentier. "

Mais aussi, c'est la révélation des enseignements de la saine doctrine, cet enseignement issu de la parole de Dieu ; c'est lui qui apporte la connaissance, laquelle éclaire les enfants de Dieu, dans la perdition.

- Voir Psaumes 119v130 : " La révélation de tes paroles éclaire, elle donne de l'intelligence (ou la connaissance) aux simples. "

Cette lumière ; c'est la connaissance, que cette parole apporte dans l'esprit de l'homme qui la reçoit. Lorsque celui-ci y accorde son attention particulière.

Satan, en venant dans le monde, après son rejet du ciel, il viendra s'approprier des droits qui revenaient aux humains, il les leur ravira. Ainsi, la venue de lui-ci constituera un grand malheur pour les humains ; selon le livre de l'Apocalypse 12v12 :

" C'est pourquoi réjouissez-vous, cieux, et vous qui habitez dans les cieux. Malheur à la terre et à la mer ! car le diable est descendu vers vous, animé d'une grande colère, sachant qu'il a peu de temps. "

Il se féra dieux pour les humains, ayant en lui, cette décision unilatérale ; celle de détruire à son passage, tous les enfants de Dieu, lesquels Dieu appelle son peuple, et qui sont encore dans les ténèbres, ou encore dans la confusion sur ce qui concerne les choses de Dieu, et celles de Satan ; et qui demeurent toujours sans connaissance. Pour eux, Satan représente tout un malheur.

Et, comme, nombreux des fils et filles du malin ne savent pas, qu'ils sont enfants du diable ; il en a de-même, nombreux d'enfants de Dieu aussi qui ne savent pas qu'ils sont enfants de Dieu. Puisque, ils n'ont pas encore reçu, ou rencontré quelqu'un pour leur faire part, ou leur faire comprendre l'Evangile de Jésus-Christ ; ou une personne qui leur présente un mauvais évangile, ou une parole de Dieu, falsifiée. Alors, ils peuvent tout accepter, de mauvais ; soit, tout refuser de bons. Ainsi, ils sont disposés de croire en tout. Les esprits impurs, qui se passent des dieux ; des humains, qui se passe des dieux ; et même des objets de la nature. Finalement, les humains acceptent tout. Mais, le malheur ; c'est pour les enfants de Dieu. C'est-à-dire ; les fils et les filles du royaume de Dieu. Tel qu'on peut lire dans l'épître de 1 Corinthiens 8v5 :

" Car, s'il est des êtres qui sont appelés dieux, soit dans le ciel, soit sur la terre, comme il existe réellement plusieurs dieux et plusieurs seigneurs. "

Ainsi, le diable a pris sans permission, la paternité de la terre, et des eaux, sous son contrôle. Désormais, c'est lui qui conduit le monde, avec une puissance et son comportement tordu, des ténèbres, ou de confusion. Tel qu'on peut le lire dans 1 Jean 5v19 :

"Nous savons que sommes de Dieu, et que le monde entier est sous la puissance du malin (le diable)."

Voilà, il devient par le moyen de sa manigance ; le dieu du siècle présent. Et, son plus grand problème ; retenir dans l'incrédulité ; tous les enfants de Dieu, dépourvus de connaissance sur la saine doctrine, à rejeter non seulement le manuscrit Saint, mais aussi, de le contredire. Comme on peut le lire dans le livre de 2 Corinthiens 4v4 :

" Pour les incrédules dont le dieu de ce siècle a aveuglé l'intelligence, afin qu'ils ne vissent pas briller la splendeur de l'Évangile de la gloire de Christ, qui est l'image de Dieu. "

C'est pourquoi ; tous ceux qui sont descendants d'Adam ne peuvent naître convertis, ni naître au-dessus de la puissance de ce monde des ténèbres.   D'où, l'obligation de la renaissance, pour changer de monde. Et, pour changer de côté, il faudrait passer par : « NAÎTRE DE   NOUVEAU ».

Il est très important de savoir que, « seuls les fils et les filles du royaume qui peuvent naître de nouveau ». Mais, « la nouvelle naissance n'est pas possible aux fils et aux filles du malin ». Car, c'est un problème de semence, ou de nature. Et, il est dit dans le livre de Matthieu 7v18 :

" Un bon arbre ne peut porter de mauvais fruits, ni un mauvais arbre porter de bons fruits. "

La nouvelle naissance ne peut avoir lieu qu'après la délivrance des forces des ténèbres. Car, si une personne se trouve encore dans le monde des ténèbres ; elle est sous l'influence des forces négatives. Or, pour sortir des ténèbres qui ne sont autre que, la confusion, ou l'ignorance ; on doit tout d'abord quitter cet état d'ignorance, par l'obtention de la connaissance afin d'avoir le discernement. Et, c'est grâce au discernement que la précision, eut égard à la confusion peut être prise. Ainsi, pour une personne qui n'est pas encore délivré de la puissance du monde des ténèbres, la nouvelle naissance est carrément impossible. D'où, en premier lieu, l'importance de la délivrance de monde des ténèbres.

LA DELIVRANCE DES FILS ET DES FILLES DU ROYAUME

Puisque tous les humains naissent dans des familles ; et puisque, toute famille est nécessairement conduite par un certain nombre de règles de coutumes, ou traditions. Ainsi, à tout âge d'immaturité ; on est conduit sous l'ordre des parents, en ce qui concerne les enfants bien sûr. Alors, il peut arriver par rapport à un cas ou à un autre ; que l'on naisse dans une famille, où, on est l'unique fils ou l'unique fille de Dieu. Ainsi, on mènera une vie contradictoire en tout temps, par rapport à celle des autres. Et, la collaboration ne peut être fluide, avec les autres. Et, si on naît dans une famille où, les parents sont fils du royaume de Dieu, et les enfants, certains sont du malin, et d'autres du royaume ; il y aura division entre les enfants. Et, parfois le rejet entre les enfants, ou entre les enfants et les parents.

Lorsqu'on est pas encore enfant ; ces choses n'apparaissent pas souvent, de façon hardie. Et cela, à cause de la croissance qui peut encore être inférieure ; ou à cause de la dépendance, par rapport aux tuteurs, tout en tenant compte de l'âge. Mais, au temps convenable ; nombreux surprennent, que ce soient les parents, que ce soient les frères ou sœurs. Et parfois même ; ceux du dehors.

Et puisque, il peut arriver que les fils et les filles du royaume soient conduits par un fils ou une fille du malin ; ceux-ci subiront l'influence selon leur conducteur. Et, c'est de cette façon-là, que le monde fonctionne !

Ainsi, par exemples, si à la tête des institutions d'un Etat, se figurent les fils ou les filles du malin ; il est vrai que la loi a été érigée, dans le but de nous permettre de rester ensemble, quelques soient nos divergences ; mais de part et d'autre ; la couverture se tire toujours. Car, de son côté, Satan, le diable veut accomplir lui aussi ses œuvres, contre les fils et les filles du royaume de Dieu, lesquels pour lui ne doivent pas entrer au ciel, dans le royaume de leur Père.

Voir Matthieu 25v34 : " Alors le roi dira à ceux qui seront à sa droite : Venez, vous qui êtes bénis de mon Père ; prenez possession du royaume qui vous a été préparé dès la fondation du monde. "

Ce royaume de Dieu avait été préparé, dès la fondation du monde ! C'est ce qui vient d'être lu en amant. Donc, en même temps que Dieu créé le monde ; il crée de même, le royaume. Car, il savait déjà, ce qui devait arriver.

On est appelé à vivre ensemble ; les enfants de Dieu, et les enfants de dieu ! Et, cela, jusqu'à la moisson ! C'est-à-dire ; jusqu'à la fin du monde. Dit dans la parabole de la bonne et la mauvaise semence.

Il est donc clair que, tous ceux qui se retrouvent sous cette empire du malin, sont d'office perdus. Ils sont esclaves de la mauvaise vie, des choses vaines, qu'ils ont hérité de leurs pères. Car, il est écrit dans Jean 8v34 :

" En vérité, en vérité, je vous le dis, leur répliqua Jésus, quiconque se livre au péché est esclave du péché. "

Ainsi, la vie des humains va se résumer au péché. Car, tout être humain debout est un péché, dans un corps. Voir Romains 8v3 :

" Car chose impossible à la loi, parce que la chair la rendait sans force, Dieu a condamné le péché dans la chair, en envoyant, à cause du péché, son propre Fils dans une chair semblable à celle du péché. "

Donc, les corps que portent les humains ; sont des corps du péché. Et, donc, tout ce qui se fait par eux, entrent dans l'alignement du péché. Tel, il est écrit dans l'épître des Romains 6v6 :

" sachant que notre vieil homme a été crucifié avec lui, afin que le corps du péché fût détruit, pour que nous ne soyons plus esclaves du péché. "

Et, cela montre que, l'homme de la chair ; est un être souillé, vendu au péché. Tel, on peut lire dans l'épître aux Romains 7v14 :

" Nous savons, en effet, que la loi est spirituelle ; mais moi, je suis charnel, vendu au péché. "

Alors, sortir l'être humain de là ; il faut un « rachat » !

Mais, le rachat ; c'est une procédure par le moyen duquel, on récupère avec un prix, ce qui avait été vendu. Pour ce qui concerne le sujet ici ; c'est la « rançon » qu'il faut, pour la libération d'une âme vendue au péché.

Or, la rançon veut en d'autre terme dire : La somme d'argent qu'on donne pour libérer un prisonnier, ou un otage. Voilà, ce qu'il faut, pour que les humains soient forts, et dominent sur le péché.

Or le rachat n'est pas chose facile. Car, le Seigneur avait déclaré qu'il n'y a rien qu'un homme peut donner en échange contre son âme. Ainsi, toute procédure humaine, ne peut produire le rachat de l'âme d'un être humain. Et même Satan et les démons n'ont pas pu se racheter eux-mêmes, de leur mauvaise conduite, ou conduite coupable ; alors, comment pourront-ils racheter les humains ! Le prix à payer est très lourd. Tel qu'il est écrit dans les Psaumes 49v9 :

" Le rachat de leur âme est cher, et n'aura jamais lieu. "

Il n'y a rien qu'un homme peut donner en échange de l'âme.

Voir Matthieu 16v26 : " Et que servirait-il à un homme de gagner tout le monde, s'il perdait son âme ? ou, que donnerait un homme en échange de son âme ? "

Seul, celui qui détient le prix qui correspondrait au rachat d'une âme ; c'est Dieu, par le Christ. Tel, on peut lire dans l'épître de 1 Corinthiens 6v20 :

" Car vous avez été rachetés à un grand prix. Glorifiez donc Dieu dans votre corps et dans votre esprit, qui appartiennent à Dieu. "

Ce grand prix ; c'est par la valeur du sang de Jésus-Christ, cela veut dire ; par l'âme de Christ. Donc, l'âme de Christ a été dépensée par le Créateur, pour payer la somme qu'il fallait pour le rachat des âmes des fils et filles du royaume de Dieu. Ainsi, s'accomplira la loi de Moïse qui dit : « Œil pour œil, dent pour dent ! » Ainsi, vie pour vie ; ou âme pour âme !

On peut lire dans l'épître premier de Pierre.

Voir 1 Pierre 1v18-19 : " sachant que ce n'est pas par des choses périssables, par de l'argent ou de l'or, que vous avez été rachetés de la vaine manière de vivre que vous aviez héritée de vos pères, mais par le sang précieux de Christ, comme d'un agneau sans défaut et sans tache. "

Or,   lorsqu'on   emploie   l'expression :   « précieux » On fait allusion à quelque chose de grand prix, quelque chose de valeur. C'est-à-dire ; quelque chose qui coûte chère. Ainsi, le sang de Christ n'a pas dans toute la création divine, ce qui peut l'égaler en valeur. Et donc, sans ce sang, les humains ne peuvent point être délivrer de l'emprise du diable. C'est-à-dire, de la puissance des ténèbres.

Pour quitter le monde des ténèbres ; ce n'est pas de la blague, ni facile à faire. Car, Dieu est obligé d'engager des anges dans le ministère du salut des fils et des filles du royaume. En effet, le salut est relatif au rachat. Lire dans l'épître aux Hébreux 1v13-14 :

" Et auquel des anges a-t-il jamais dit : Assieds-toi à ma droite, jusqu'à ce que je fasse de tes ennemis ton marchepied ? Ne sont-ils pas tous des esprits au service de Dieu, envoyés pour exercer un ministère en faveur de ceux qui doivent hériter du salut ? "

Il a aussi engagé des hommes qui doivent travailler ensemble avec les anges ; il s'agit des ministres de la parole.

" Et je tombai à ses pieds (de l'ange) pour l'adorer ; mais il (l'ange) me dit : Garde toi de le faire ! Je suis ton compagnon de service, et celui de tes frères qui ont le témoignage (ou le message) de Jésus. Adore Dieu. Car le témoignage (ou le message) de Jésus est l'esprit de la prophétie. " (Apocalypse 19v10)

Les apôtres, lors de la demande de quelques personnes, qui devaient assurer les responsabilités des diacres au sein de l'Eglise de Jérusalem, afin que, eux continuent dans le ministère de la parole, dirent à l'assemblée, ce qui suit :

Voir Actes 6v4 : " C'est pourquoi, frères, choisissez parmi vous sept hommes, de qui l'on rende un bon témoignage, qui soient pleins d'Esprit-Saint et de sagesse, et que nous chargerons de cet emploi. Et nous, nous continuerons à nous appliquer à la prière et au ministère de la parole. "

On a vu, comment, pour le salut des humains ; chaque serviteur véritablement de Dieu, doit exercer le ministère de la parole, accompagner du ministère d'un ange, pour réussir. Ainsi, on va voir quelques exemples pour cela.

QUELQUES MINISTRES AVEC LEURS ANGES DE LA MISSION

Dans le ministère du salut ; il est obligatoire pour l'homme de Dieu d'être accompagné d'un ange. Car, sans ange, on ne peut rien faire. Le salut n'est pas un amusement, comme certains le croient ; en forme des petits slogans. Non ! C'est tout un combat qui s'engage, pour que, quelqu'un soit sauvé. Pour que, quelqu'un quitte les ténèbres pour la lumière ; pour que quelqu'un soit libéré, ou délivré de l'emprise du diable. Il y a des guerres internes, et des guerres externes, qui se manifestent.

On peut le voir avec Moïse, pour la délivrance du peuple d'Israël, de l'Egypte. Moïse ne pouvait pas seul, faire ce travail. Car, l'Egypte fut une nation qui espérait beaucoup sur les pratiques occultes. Ainsi, il y avait en Egypte, comme la première puissance du monde de cette époque-là, un mysticisme très avancé. D'où, pour s'en sortir ; il fallait à tout prix, un ange du ministère soit placé à ses côtés, comme un compagnon de service. Et, c'est ce qui avait été fait. On peut le lire dans le livre des Actes 7v30-37 :

" Quarante ans plus tard, un ange lui apparut, au désert de la montagne de Sinaï, dans la flamme d'un buisson en feu. Moïse, voyant cela, fut étonné de cette apparition ; et, comme il s'approchait pour examiner, la voix du Seigneur se fit entendre : Je suis le Dieu de tes pères, le Dieu d'Abraham, d'Isaac et de Jacob. Et Moïse, tout tremblant, n'osait regarder. Le Seigneur lui dit : Ôte tes souliers de tes pieds, car le lieu sur lequel tu te tiens est une terre sainte. J'ai vu la souffrance de mon peuple qui est en Égypte, j'ai entendu ses gémissements, et je suis descendu pour le délivrer. Maintenant, va, je t'enverrai en Égypte. Ce Moïse, qu'ils avaient renié, en disant : Qui t'a établi chef et juge ? c'est lui que Dieu envoya comme chef et comme libérateur avec l'aide de l'ange qui lui était apparu dans le buisson. C'est lui qui les fit sortir d'Égypte, en opérant des prodiges et des miracles au pays d'Égypte, au sein de la mer Rouge, et au désert, pendant quarante ans. C'est ce Moïse qui dit aux fils d'Israël : Dieu vous suscitera d'entre vos frères un prophète comme moi. "

L'acte que fit par Moïse, ministre de Dieu, avec son compagnon de service ; l'ange de la mission, pour le salut d'Israël, ou sa délivrance de l'Egypte. Car, cette délivrance était une espèce de salut. Car, il est écrit dans l'épitre de 1 Corinthiens 10v1-2 :

" Frères, je ne veux pas que vous ignoriez que nos pères ont tous été sous la nuée, qu'ils ont tous passé au travers de la mer, qu'ils ont tous été baptisés en Moïse dans la nuée et dans la mer. "

Voilà, comment procéda l'Eternel Dieu, pour le rachat des enfants d'Israël de l'Egypte !

On peut voir aussi l'apôtre Paul, lorsqu'il partait pour la rencontre de l'Empereur romain : « César » ; comment l'ange de la mission est venu lui réconforter. Etant donné que, cela était dans le plan de Dieu, lequel avait prévu, que Paul rencontrerait des rois à cause de lui. C'est-à-dire à cause de son nom. Et tout cela dans l'exercice de son ministère.

Voir Actes 27v23-24 : " Un ange du Dieu à qui j'appartiens et que je sers m'est apparu cette nuit, et m'a dit : Paul, ne crains point ; il faut que tu comparaisses devant César, et voici, Dieu t'a donné tous ceux qui naviguent avec toi. "

On ne peut pas seul mener la mission de Dieu, et réussir, si on n'a pas un ange à ses côtés.

On peut voir encore Pierre, lorsqu'il fut en prison, totalement désespéré ; comment l'ange de la mission est venu pour le sauver, et le sortir de la prison. Les autres apôtres savaient bien que, en ce qui concerne le ministère de la parole ; on a des anges qui travaillent ensemble avec les humains. Voilà, ils vont rétorquer à la servante qui leur dira : C'est Pierre ! Qu'il s'agissait de son ange ! Voir Actes 12v7-16 :

" Et voici, un ange du Seigneur survint, et une lumière brilla dans la prison. L'ange réveilla Pierre, en le frappant au côté, et en disant : Lèves-toi promptement ! Les chaînes tombèrent de ses mains. Et l'ange lui dit : Mets ta ceinture et tes sandales. Et il fit ainsi. L'ange lui dit encore : Enveloppe-toi de ton manteau, et suis-moi. Pierre sortit, et le suivit, ne sachant pas que ce qui se faisait par l'ange fût réel, et s'imaginant avoir une vision. Lorsqu'ils eurent passé la première garde, puis la seconde, ils arrivèrent à la porte de fer qui mène à la ville, et qui s'ouvrit d'elle-même devant eux ; ils sortirent, et s'avancèrent dans une rue. Aussitôt l'ange quitta Pierre. Revenu à lui-même,

Pierre dit : Je vois maintenant d'une manière certaine que le Seigneur a envoyé son ange, et qu'il m'a délivré de la main d'Hérode et de tout ce que le peuple juif attendait. Après avoir réfléchi, il se dirigea vers la maison de Marie, mère de Jean, surnommé Marc, où beaucoup de personnes étaient réunies et priaient. Il frappa à la porte du vestibule, et une servante, nommée Rhode, s'approcha pour écouter. Elle reconnut la voix de Pierre ; et, dans sa joie, au lieu d'ouvrir, elle courut annoncer que Pierre était devant la porte. Ils lui dirent : Tu es folle. Mais elle affirma que la chose était ainsi. Et ils dirent : C'est son ange. Cependant Pierre continuait à frapper. Ils ouvrirent, et furent étonnés de le voir. "

Il est ainsi clair que, les anges sont des compagnons de service pour les ministres de Dieu, dans le ministère de la parole. Et, c'est avec eux, qu'ils travaillent, pour réussir dans la mission confiée par leur Maître.

On peut voir le cas des apôtres en prison, et, délivrés pendant la nuit par un des anges de la mission.

Il est donc nécessaire pour les ministres de Dieu de comprendre qu'ils ne font pas seuls la mission qui concerne le salut des âmes. C'est pourquoi, ils doivent bannir leurs inquiétudes, lorsque les choses ne marchent pas telles qu'ils le souhaitent, ou le veulent, ou le pensent.

Voir Actes 5v17-20 : " Cependant le souverain sacrificateur et tous ceux qui étaient avec lui, savoir le parti des sadducéens, se levèrent, remplis de jalousie, mirent les mains sur les apôtres, et les jetèrent dans la prison publique. Mais un ange du Seigneur, ayant ouvert pendant la nuit les portes de la prison, les fit sortir, et leur dit : Allez, tenez-vous dans le temple, et annoncez au peuple toutes les paroles de cette vie. "

Enfin de compte ; nous devons savoir ; que lorsqu'un des enfants du royaume est récupéré ; c'est-à-dire qu'une personne, un humain se repent, et se converti réellement, un ange de Dieu lui est affecté, ou mit à sa disposition, pour l'accompagner, dans la nouvelle vie. A moins que, celui-ci ne puis réellement se convertir en Christ, ni se repentir sincèrement. Donc, une fois le salut est acquis ; le sauvé ou la sauvée a tout de suite à sa disposition tout un ange qui doit l'accompagner dans cette nouvelle vie. Seulement, cela reste uniquement pour les fils et les filles du royaume de Dieu. Pas les infiltrés. C'est-à-dire, fils ou filles du malin qui se camouflent dans les assemblées de Dieu.

Et, l'ange a une mission à fournir, auprès de cet enfant de Dieu converti, aussi longtemps que celui-ci ne bronche, ni ne change d'avis. C'est-à-dire, tant qu'il ne retournera pas dans le monde. Ainsi, il y a donc, beaucoup des soient disant croyants, lesquels n'ont pas encore atteint ce niveau, et pour autant, qu'ils s'appellent enfants de Dieu. Ceux-ci arrivent même à accuser Dieu ; se disant : « Dieu m'a abandonné, ou Dieu ne n'aime pas, etc. ». Car, si Dieu m'aime,   pourquoi   ceci,   ou   cela ! Ils sont ignorants de ce principe autonomique : « Que, lorsqu'ils marchent mal, l'ange de Dieu se retire, au lieu de lui faire du mal, à cause de cela ».

Les anges de Dieu sont saints, ainsi, ils ne peuvent point marcher avec l'humain qui est dans la boue. C'était à cause même de cela que Moïse faillit perdre sa vie, alors qu'il était avec sa famille, et aussi, avec l'ange de Dieu qui exerçait avec lui la mission pour la délivrance d'Israël.

Voir Exode 4v24-26 :

" Pendant le voyage, en un lieu où Moïse passa la nuit, l'Éternel (en fait, un ange de l'Eternel, l'ange de la mission) l'attaqua et voulut le faire mourir. Séphora prit une pierre aiguë, coupa le prépuce de son fils, et le jeta aux pieds de Moïse, en disant : Tu es pour moi un époux de sang ! Et l'Éternel le laissa. C'est alors qu'elle dit : Époux de sang ! à cause de la circoncision. "

Ceci est un fort exemple, qui montre que, les anges des saints sont saints, et en surcroit ; on ne peut marcher avec eux, dans une vie d'impuretés. Car, à ce sujet, on peut lire dans le livre des Psaumes 34v8 ce qui suit :

" L'ange de l'Éternel campe autour de ceux qui le craignent, et il les arrache au danger. "

Et, l'ange ne peut se retirer que lorsque, les choses marchent contrairement au plan divin. C'est-à-dire, contrairement à sa parole.

Mais, tous ceux qui se repentent, et se convertissent au Seigneur, ont des anges à leur disposition. Voir Matthieu 18v10 :

" Gardez-vous de mépriser un seul de ces petits ; car je vous dis que leurs anges dans les cieux voient continuellement la face de mon Père qui est dans les cieux. "

Le travail que l'Evangile, qui est le message du royaume de Dieu fait, lorsqu'il vient dans la vie d'une personne ; c'est de transformer la personne. Et, une fois qu'elle sera transformée ; si elle habite avec les enfants du malin ;

il y aura une confusion qui va naître entre elle, et les fils ou filles du malin. Ainsi, ceux-ci seront pour elle, comme des pièges ; comme des adversaires, comme leur maître le diable fait aux enfants de Dieu de façon tantôt directe, tantôt indirecte.

Et, dans le cas où, un enfant de Dieu peut subir des menaces mystiques ; l'ange de la mission, ou l'ange qui accompagne les sauvés, interviendra en sa faveur. L'ange le fait, en lui épargnant du danger, il combattra à sa place, etc. afin que l'enfant de Dieu soit arraché du danger. Tel, il est écrit dans le livre de Job 33v23-26 :

" Mais s'il se trouve pour lui un ange intercesseur, un d'entre les mille qui annoncent à l'homme la voie qu'il doit suivre, Dieu a compassion de lui et dit à l'ange : Délivre-le, afin qu'il ne descende pas dans la fosse ; j'ai trouvé une rançon ! Et sa chair a plus de fraîcheur qu'au premier âge, il revient aux jours de sa jeunesse. Il adresse à Dieu sa prière ; et Dieu lui est propice, lui laisse voir sa face avec joie, et lui rend son innocence. "

Les anges de Dieu ont un grand travail qu'ils font, en faveur de ceux qui doivent hériter du salut. Mais, l'homme étant plus près du diable que de Dieu, se laisse facilement se tromper par les discours internes du diable, car, celui-ci, parle dans les pensées des hommes qui sont ses otages. Tel qu'on peut lire dans le livre des Matthieu 27v43 :

" Il s'est confié en Dieu ; que Dieu le délivre maintenant, s'il l'aime. Car il a dit : Je suis Fils de Dieu. "

La vie nouvelle que doit mener un fils ou une fille du royaume, dans la famille où, il est né, posera de graves problèmes, dans leur rapport entre hommes. Ainsi, le Seigneur Jésus-Christ, ne le cachait pas, lorsqu'il parlait de sa mission.

Cette mission est la même que doivent faire ses serviteurs, qu'il a envoyé partout dans le monde. Tel qu'on peut lire dans le livre de Matthieu 10v34-37 :

" Ne croyez pas que je sois venu apporter la paix sur la terre ; je ne suis pas venu apporter la paix, mais l'épée (la parole de Dieu ou la doctrine de Christ). Car je suis venu mettre la division entre l'homme et son père, entre la fille et sa mère, entre la belle-fille et sa belle-mère ; et l'homme aura pour ennemis les gens de sa maison. Celui qui aime son père ou sa mère plus que moi n'est pas digne de moi, et celui qui aime son fils ou sa fille plus que moi n'est pas digne de moi. "

Et aussi, voir Luc 12v49-53 :

" Je suis venu jeter un feu (la parole de Dieu ou la doctrine de Christ) sur la terre, et qu'ai-je à désirer, s'il est déjà allumé ? Il est un baptême dont je dois être baptisé, et combien il me tarde qu'il soit accompli ! Pensez-vous que je sois venu apporter la paix sur la terre ? Non, vous dis-je, mais la division. Car désormais cinq dans une maison seront divisés, trois contre deux, et deux contre trois ; le père contre le fils et le fils contre le père, la mère contre la fille et la fille contre la mère, la belle-mère contre la belle-fille et la belle-fille contre la belle-mère. "

Dans le passage biblique précédent ; le mot argumentaire utilisé ; c'est l'épée. Il est vrai que l'on venait de dire que, c'est la parole de Dieu, ou la doctrine de Christ ; cela se trouve dans l'épitre aux Ephésiens 6v17 :

"prenez aussi le casque du salut, et l'épée de l'Esprit, qui est la parole de Dieu. "

Lorsque, la parole de Dieu est annoncée aux humains ; il y a de ceux qui croiront en elle, et ceux qui la rejetteront. Ainsi, une nette division se fait. Du coup, des camps se créés. Ainsi, si elle est prêchée dans une famille ; ceux qui croiront en elle, formeront, quand le veut ou pas, des tendances liées à la foi, selon ou non la parole de Dieu. La parole est une épée à double tranchants. Seulement, nombreux, le disent, mais ne la comprend quasiment pas de cette même oreille. Ils pensent, pour certains, que cette épée ; c'est l'arme blanche. D'où, synonyme de la guerre physique, et armée. Mais, cette guerre est spirituelle, et argumentaire. Tel qu'on pourrait lire dans l'épitre aux Hébreux 4v12 :

" Car la parole de Dieu est vivante et efficace, plus tranchante qu'une épée quelconque à deux tranchants, pénétrante jusqu'à partager âme (les sentiments et les affections) et esprit (les pensées et les idées), jointures (point de contact entre deux points ou choses) et moelles (le fond de l'être humain, ou du corps) ; elle juge les sentiments et les pensées du cœur. "

Cette division résulte du fait que, les enfants du diable seront entre eux, en harmonie, car ils partageront les mêmes sentiments, et les mêmes pensées. Ainsi, ceux du royaume de Dieu, de même, seront en harmonie entre eux ; car ils partageront aussi les mêmes sentiments et les mêmes pensées et idées. Et, c'est cela, le rôle de l'Evangile. Les enfants du malin ont des genres de choses qu'ils aiment, et auxquelles, ils sont attachés. Et, ces choses sont condamnées dans la Bible. Et, interdites rigoureusement aux enfants de Dieu de s'y attacher. Les fils et les filles du royaume de Dieu, ayant de leur côté aussi, des choses qui leur ressemblent ; ils vivront ensemble entre eux. C'est-à-dire, dans les choses qui les concernent. Aussi, leur rapport avec les enfants du malin sera basé, sur tout ce qu'ils peuvent partager en commun. Les logements, les moyens de transports, les services professionnels, et autres de ces genres. Et, chacun avec ses croyances. Et cela, jusqu'à ce que le Christ reviendra, pour chercher ceux de Dieu.

Dans le deuxième passage biblique, il est fait mention de l'expression : « Le feu ». Or, le feu dont il est question ici, n'est pas ce feu du genre à bruler physiquement les objets. Car, que ce soit le feu, que ce soit l'épée ; tous deux représentent en esprit, la même chose, dans ce contexte ici.

Ainsi, on peut par exemple voir dans le passage suivant de la Bible : Voir Jérémie 5v14 : " C'est pourquoi ainsi parle l'Éternel, le Dieu des armées : Parce que vous avez dit cela, voici, je veux que ma parole dans ta bouche soit du feu, et ce peuple du bois, et que ce feu les consume. "

Et encore :

Voir Jérémie 23v29 : " Ma parole n'est-elle pas comme un feu, dit l'Éternel, Et comme un marteau qui brise le roc ? "

Il est donc clair, à partir de ces quelques versets bibliques ; que la parole de Dieu est comme une épée, et comme un feu. Et donc, il ne s'agit pas de l'épée et du feu physiques ; mais de la parole de Dieu, laquelle apporte une connaissance, réservée uniquement, pour les fils et les filles du royaume de Dieu. Et, elle fait naître des avis différents, dans les cœurs de ceux qui l'écouteront ; d'où, séparation ou division.

Cette parole vient pour juger le monde. Et donc, la fin, ou l'issu de celle-ci ; c'est que, il y aura une nette différence, entre ceux du malin et ceux de Dieu. Pour ceux du malin ; c'est un jugement qui s'abat contre eux, tandis que pour ceux du royaume de Dieu ; c'est un appel de bonne conscience envers leur Dieu, et Père !

N.B : Les membres du monde des ténèbres sont très violents. Ils ont une incompréhension profonde. Si bien qu'étant amis avec les fils du royaume dans la perdition ; ils leur poussent aussi à s'opposer aux ministres de Dieu qui ont été mandatés pour leur salut. Ils les salissent, sans trop rien comprendre.

Ils leur donnent des sales et méchantes réponses, les humilient. Mais quand ils auront une fois entendu la voix du Seigneur comme par un mystère, au moyen d'un acte ou fait inexplicable ; ils abandonnent tout, pour suivre leur Seigneur. Comme on pourrait lire dans cet extrait d'écrit :

Voir Jean 10v14,3-5 : " Je connais mes brebis, et elles me connaissent. Le portier lui ouvre, et les brebis entendent sa voix ; il appelle par leur nom les brebis qui lui appartiennent, et il les conduit dehors. Lorsqu'il a fait sortir toutes ses propres brebis, il marche devant elles ; et les brebis le suivent, parce qu'elles connaissent sa voix. Elles ne suivront point un étranger ; mais elles fuiront loin de lui, parce qu'elles ne connaissent pas la voix des étrangers. "

Les brebis du Seigneur sont dans la perdition. Il est aussi vrai que, depuis que ce travail de l'Evangile est en train d'être fait dans le monde, déjà des siècles ; plusieurs des fils et des filles du royaume ont été récupérés. Mais, lorsqu'elles sont retrouvées ; elles suivent leur Berger ; qui n'est autre que le Seigneur Jésus-Christ, au travers de ses serviteurs mandatés.

Mais le serviteur qui doit faire ce travail doit être investi de la puissance d'en haut. Celle qui est au-dessus de la puissance de Satan. Lorsque le Seigneur était encore physiquement avec les disciples ; il leur avait donné ce pouvoir. Mais celui-ci ne leur avait pas été permanent. Car, lui-même était encore sur la terre. Voir Luc 10v19 :

"Je vous ai donné le pouvoir (la puissance) de marcher sur les serpents (les démons) et les scorpions (ceux qui utilisent la puissance de Satan), et sur toute la puissance de l'ennemi ; et rien ne pourra vous nuire."

Ce pouvoir n'était pas encore permanent dans les disciples, parce qu'il était lui-même encore sur la terre. D'où, l'avantage, pour les disciples, était que, le Seigneur reparte au ciel, pour que le pouvoir leur soit accordé en permanence. Voir Jean 16v7 :

" Cependant je vous dis la vérité : il vous est avantageux que je m'en aille, car si je ne m'en vais pas, le consolateur (le Saint-Esprit, le pouvoir, la puissance) ne viendra pas vers vous ; mais, si je m'en vais, je vous l'enverrai. "

Or, sans ce pouvoir ; c'est comme quelqu'un qui chercherait la guerre contre un autre, sans être fort, ou armé. Et comme ce pouvoir leur avait été impermanent, il fallait donc que le Seigneur Jésus s'en aille, retourne dans les cieux.

Pour recevoir la puissance ; les apôtres avaient d'abord compris les paroles du royaume. Ils avaient reçu une connaissance typique pendant quarante (40) jours, après la résurrection du Seigneur Jésus-Christ. Car, le pouvoir ou la puissance devait leur servir de capacité surnaturelle susceptible de leur permettre d'accomplir le ministère de la parole. Voir Actes 1v3 :

"Après qu'il eut souffert, il leur apparu vivant, et leur en donna plusieurs preuves, ce montrant à eux pendant quarante jours, et parlant des choses qui concernent le royaume de Dieu."

Le Seigneur fit une interdiction formelle de ne pas aller exercer le ministère de la parole. Que ce soit hors de Jérusalem ; mais d'attendre d'abord la puissance, ou le pouvoir pour exercer ce ministère. Voir Actes 1v4,5,8 :

"Comme il se trouvait avec eux, il leur recommanda de ne pas s'éloigner de Jérusalem, mais d'attendre ce que le Père avait promis, ce que je vous ai annoncé ; leur dit-il. Car Jean a baptisé d'eau, mais vous, dans peu de jours, vous serez baptisé du Saint-Esprit. Mais vous recevrez une puissance, le Saint-Esprit survenant sur vous, et vous serrez mes témoins (des messagers ou des prédicateurs de l'Evangile) à Jérusalem, dans toute la Judée, dans la Samarie, et jusqu'aux extrémités de la terre."

Sans la puissance d'en haut ; on ne peut pas délivrer du monde des ténèbres, les fils et les filles du royaume. Mais avant la puissance ; il faudrait connaître le message du royaume, et la vivre soi-même d'abord. Si non ; on pourra faire des miracles, chasser des démons, prophétiser, sans que les fils et les filles du royaume ne soient délivrés. Car, il est écrit dans le livre de Matthieu 7v21-23 :

" Ceux qui me disent : Seigneur, Seigneur ! n'entreront pas tous dans le royaume des cieux, mais celui-là seul qui fait la volonté de mon Père qui est dans les cieux. Plusieurs me diront en ce jour-là : Seigneur, Seigneur, n'avons-nous pas prophétisé par ton nom ? n'avons-nous pas chassé des démons par ton nom ? et n'avons-nous pas fait beaucoup de miracles par ton nom ? Alors je leur dirai ouvertement : Je ne vous ai jamais connus, retirez-vous de moi, vous qui commettez l'iniquité. "

Car, le monde des ténèbres agit avec une grande influence, ou puissance écrasante sur la chair, ou sur l'homme charnel ; et impose une confusion du jamais vu dans le monde, c'est-à-dire ; un embrouillement total. Et, c'est dans cette espèce de tourbillon, qu'il entraine les enfants de Dieu. Cependant, pour ceux qui sont à lui, cela paraît normale.

Pour réussir dans cette mission ; ce n'est pas facile. Car, c'est un combat qui s'engage contre l'armée de Satan le diable. Or, lui ne combat pas seul ! D'où les expressions « les serpents et les scorpions », dans le livre de Luc 10v19 :

" Voici, je vous ai donné le pouvoir de marcher sur les serpents et les scorpions, et sur toute la puissance de l'ennemi ; et rien ne pourra vous nuire. "

Il a des démons avec lui, lesquels viendront directement pour séduire, mentir, etc. Et, il combat en même temps, en utilisant indirectement, les autres êtres humains, lesquels sont ses enfants ; les hommes comme les femmes pour peut-être attirer par corruption, par la séduction, la célébrité, l'argent, agir en faisant du mal, etc. Et cela contre l'homme ou la femme qui exercerait un ministère, en faveur de ceux qui sont appelés à recevoir le salut ; ou directement sur les gens qui doivent recevoir au travers des hommes de Dieu ; le salut.   Il utilise en même temps, la spéculation, les conflits, les contradictions, et autres. D'où, il faut pour un ministre de la parole, une bonne conduite. Une conduite réservée. Et, le combat est là ouvert, pour lui empêcher d'y parvenir.

LE DEROULEMENT DU COMBAT POUR LA DELIVRANCE

Cette lutte est grande. Car, il est dit que la parole de Dieu est une lampe qui produit de la lumière (ou de l'éclairage). Et, grâce à cet éclairage, les conducteurs du peuple de Dieu et, le peuple peuvent arriver, à bien voir où il faut mettre pieds, et où, il ne faut pas mettre pieds. De cette façon, ils sauraient éviter tous les pièges de Satan le diable. Car, au milieu des ténèbres de ce monde ; lorsqu'on a une lampe qui brille ; on peut bien marcher. L'homme a la capacité de distinguer les voies de Satan de celles de Dieu. Ainsi, les croyants pourront emprunter les voies de Dieu, sans se tromper. Voir Psaumes 119v105 :

" Ta parole est une lampe à mes pieds, et une lumière sur mon sentier. "

Or, la lumière permet que, ce qui se trouve dans les ténèbres soit connu et vu. Ainsi la lumière expose les œuvres des ténèbres au vue et au su de tous, par le moyen de son éclat, qu'il produit. Et, cet éclat ; c'est la révélation de tous de ce qui se trouve cacher dans les ténèbres des embrouillements.

Cela n'est qu'évident ; parce que, celui qui agit mal, se cache dans les ténèbres. Il avance des arguments que seul le monde encouragerait. Donc, le noir ! Comme, il est écrit dans le livre de 1 Jean 3v20 :

"Car quiconque fait le mal hait la lumière, et ne vient point à la lumière, de peur que ses œuvres ne soient dévoilées."

Les humains qui faisaient ou qui font le mal seront découverts. Alors, leurs œuvres seront connues. Et, ils se sentiront gêner, et se constitueront en des ennemis non seulement du message du royaume, mais aussi, de ceux qui le prêchent.
Ils créent des tendances. Aident, et facilitent ceux qui contredisent le message du royaume de Dieu de s'enrichir ; afin de persuader ceux qui résistent, et qui persévèrent dans ce message, de céder le catch. Ils veulent respirer. Car le message du royaume sort avec un grand feu. La justice que contient cette parole, ne leur donne pas le moyen de se sentir à l'aise. Et du coup, ils se sentent beaucoup déranger. Car, la parole du royaume juge en condamnation, tout ce qu'ils font. Et, ils voudront mieux le faire en cachète. Mais hélas !
C'est ici que naît le grand combat des ministres de Jésus-Christ !

Les occultistes qui jadis étaient cachés, dans leurs œuvres, sont exposés ; ils cherchent désormais la guerre à tout celui qui viendrait dans le service sacré, sans être converti, pour s'aventurer. Ou encore, des serviteurs assoiffés de servir, dans un but purement charnel, il les récupère, et les écrase totalement. Et, profite par ceux-ci, de dénigrer aussi ceux qui se conduisent dans le bon sens. Et cela, c'est sans oublier qu'il agit avec une grande colère, sachant qu'il n'a que peu de temps. Et, il doit gaspiller tout ce qui se placerait dans son chemin.

N.B : Les insultes, des mauvais témoignages, des pièges, etc. Ce sont là, des moyens ou des armes efficaces qu'il emploie pour détruire le service sacré. Or, parmi ceux qui se comportent mal, il y a aussi, ceux qui se comportent bien. Mais lui, mélange tous, dans le même pétrin. Il sait ; qu'ils ne sont que mes ennemis ! C'est pourquoi, à l'attention des ministres de la parole ; le Seigneur disait ceci : Voir Jean7v7 :

"Le monde ne peut vous haïr (ses gens à lui) ; moi, il me hait, parce que je rends témoignage (ou prêche) que ses œuvres sont mauvaises."

Les ministres de Dieu qui prêchent le message du royaume de Dieu sont exposés à des empoisonnements, des arrestations, des tortures, des comparutions devant les tribunaux, etc. Voir Matthieu 10v17-23 :

" Mettez-vous en garde contre les hommes ; car ils vous livreront aux tribunaux, et ils vous battront de verges dans leurs synagogues ; vous serez menés, à cause de moi, devant des gouverneurs et devant des rois, pour servir de témoignage à eux et aux païens. Mais, quand on vous livrera, ne vous inquiétez ni de la manière dont vous parlerez ni de ce que vous direz : ce que vous aurez à dire vous sera donné à l'heure même ; car ce n'est pas vous qui parlerez, c'est l'Esprit de votre Père qui parlera en vous. Le frère livrera son frère à la mort, et le père son enfant ; les enfants se soulèveront contre leurs parents, et les feront mourir. Vous serez haïs de tous, à cause de mon nom ; mais celui qui persévérera jusqu'à la fin sera sauvé. Quand on vous persécutera dans une ville, fuyez dans une autre. Je vous le dis en vérité, vous n'aurez pas achevé de parcourir les villes d'Israël que le Fils de l'homme sera venu. "

Ainsi, si on veut servir Dieu, qui a créé le ciel et la terre, tout en évitant ces choses ; on ne saurait le servir. Car, les faux frères et les faux ministres feront eux aussi ces mêmes choses, et ils encourageront ceux qui les font. Et mêmes des serviteurs du royaume qui sont corrompus, ou qui sont longtemps dans la corruption ; ils seront de-même, du côté de l'ennemi ; car la force qui agit encore en eux ; c'est celle de la puissance des ténèbres. Et, ceux-ci se mettront à combattre les autres, ceux qui condamnent le monde avec ses œuvres. Etant donné que, eux aussi se trouvent dans la corruption. Tel qu'il est dit par le Seigneur, dans Matthieu 24v45-51 :

"Quel est le serviteur fidèle et prudent, que son maître a établi sur ses gens, pour leur donner la nourriture au temps convenable ? Heureux ce serviteur que son maître, à son arrivée, trouvera faisant ainsi ! Je vous le dis en vérité, il l'établira sur tous ses biens. Mais si c'est un méchant serviteur, qui dise en lui-même : Mon maître tarde à venir ; s'il se met à battre ses compagnons, s'il mange et boit avec les ivrognes, le maître de serviteur viendra le jour où il ne s'y attendait pas et à l'heure qu'il ne connaît pas ; il le mettra en pièce et lui donnera sa part avec les hypocrites : C'est là qu'il y aura des pleurs et des grincements de dents."

Ils subissent tous ces combats ; parce qu'ils condamnent les œuvres de ténèbres, et ceux qui les pratiquent, ou, se comportent selon ces œuvres ; sont exposés ! Et donc furieux ; ils manifestent une rage, un courroux contre les serviteurs du royaume et les fils du royaume. Et, le diable, avec les tiens, s'approcheront, pour dire à ceux du royaume ; mais voilà, un tel aussi fait ceci ou cela ; n'est-il donc pas de Dieu pour cela ? Pourquoi voulez-vous compliquer ce qui est simple, et facile ? Mais, le message du royaume exige que les œuvres de ténèbres soient condamnés par les serviteurs, ministres de la parole, de même, les fils et filles du royaume. Voir Ephésiens 5v11 :

" Ne prenez point part aux œuvres infructueuses des ténèbres, mais condamnez-les. "

Pour qu'une personne soit sauvée ; elle doit être délivrée des œuvres de ténèbres. Si non, nulle ne peut entrer dans le royaume des cieux. Tel, il est écrit dans l'épître de 2 Timothée 4v18 :

" Le Seigneur me délivrera de toute œuvre mauvaise, et il me sauvera pour me faire entrer dans son royaume céleste."

Être délivré des esprits mauvais est une autre chose ; et être délivré des œuvres mauvaises, en est aussi une autre chose ! Ainsi donc, une personne peut être délivrée des esprits impurs, et ne point changer de comportement. Tandis que, être délivré des œuvres mauvaises ; c'est abandonné le mauvais comportement, des mauvaises habitudes. Voilà, ce qui peut permettre aux gens d'être sauvés.

Il en est de même, lorsque, les gens se disent ; il faudrait passer à une séance de délivrance ! Mais, la personne à qui, l'on suggère cela, n'est même pas convertie. Alors, lors que les esprits impurs s'étaient accaparés d'elle ; c'était par quel moyen, qu'ils étaient entrés dans la vie de celle-ci ? Si cela était parce que cette dernière, par ignorance, avait un certain comportement indigne, lequel permit aux esprits impurs de s'incarner en elle ; alors, cette ignorance a-t-elle été découverte, et fermée, pour que les mêmes esprits impurs ne passent plus par-là ? Alors, comment la délivrance pourrait-il avoir lieu, dans de tels cas ?

Ici, il ne s'agit pas de beaucoup prier, mais, de changer. Car, ils n'étaient pas entrés par négligence due à la prière ; mais, à cause de l'ignorance. Car, il écrit au sujet de l'ignorance, ce qui suit : Voir Osée 4v6 :

" Mon peuple est détruit, parce qu'il lui manque la connaissance. Puisque tu as rejeté la connaissance, je te rejetterai, et tu seras dépouillé de mon sacerdoce ; puisque tu as oublié la loi de ton Dieu, j'oublierai aussi tes enfants. "

D'autres parts ; il convient de comprendre qu'on ne sert pas Dieu avec une conscience souillée, surchargée de péché, des actes de méchanceté. C'est-à-dire ; qu'au même temps, on est en train faire ce que la Bible interdit, mal se conduire, vivre une vie de débauche par exemple, et tout ce qui ressemble à cela ; et dans l'entre-temps ; on voudrait bel et bien servir le Dieu vivant ! Tel que font certains serviteurs ; il suffirait qu'ils ne soient pas vus par des hommes ; ils se trouvent capables de continuer au service, avec ses souillures. Ainsi, pour réussir de bien exercer le service sacré ; il faudrait que le serviteur le fasse avec une conscience sans reproche ; comme cela se trouve écrit dans l'épître aux Hébreux 9v14 :

" combien plus le sang de Christ, qui, par un esprit éternel, s'est offert lui-même sans tache à Dieu, purifiera-t-il votre conscience des œuvres mortes, afin que vous serviez le Dieu vivant ! "

Si quelqu'un marche dans les ténèbres, il n'appartient pas au Seigneur. Car, la lumière et les ténèbres ne marchent pas ensemble. Tel, il est écrit dans 2 Corinthiens 6v14 :

" Ne vous mettez pas avec les infidèles sous un joug étranger (des choses qui ne sont pas de Dieu). Car quel rapport y a-t-il entre la justice et l'iniquité ? ou qu'y a-t-il de commun entre la lumière et les ténèbres ? "

Ainsi, lorsqu'une personne marche en commettant des œuvres qui relèvent des ténèbres ; il n'est pas dans la lumière ; alors, on ne cherche pas de midi à quatorze heures, pour confirmer que, celui-ci n'est pas de Dieu ! Car, si un enfant de Dieu mène sa vie, en commettant les œuvres qui relèvent des ténèbres ; que fera alors l'enfant du diable ? Ainsi, ce n'est qu'une confusion ; il n'était point de Dieu ! Il est du diable. C'est juste un simple déguisement, ce qui ne serait pas du tout étonnant. Car, c'est ce que fait également le diable, lorsqu'il cherche à se camoufler dans le camp des enfants de Dieu. Très souvent, il se passe de l'ange de lumière.

Voir 1 Corinthiens 11v14 : *" Et cela n'est pas étonnant, puisque <u>Satan</u> (qui est ténèbres) lui-même se déguise (prend la forme) en ange de lumière. "*

Dieu étant la lumière sans ténèbres ; tout ce qui sont à lui, marchent dans sa lumière. Mais, si on fait le contraire ; on n'est donc pas de Dieu. On n'appartient pas à Dieu, et nos allégations sont mensongères, tel qu'on peut lire dans 1 Jean 1v5,6 :

" La nouvelle que nous avons apprise de lui, et que nous vous annonçons, c'est que Dieu est lumière, et qu'il n'y a point en lui de ténèbres. Si nous disons que nous sommes en communion avec lui, et que nous marchions dans les ténèbres, nous mentons, et nous ne pratiquons pas la vérité. "

Celui qui marche dans les ténèbres ne sait où il va ! Et celui qui croit au Seigneur ne demeure pas dans les ténèbres. S'il y demeure ; c'est qu'il n'a pas cru ! Car, il se conduira n'importe comment. Car, avec les ténèbres, tout est obscure. Alors, comment distinguera-t-il le faux du vrai ? Ainsi, tous ceux qui croient en Jésus-Christ, ne sont pas dans les ténèbres, comme il est écrit dans Jean 12v35,46 :

"Jésus leur dit : La lumière est encore pour un peu de temps au milieu de vous. Marchez, pendant que vous avez la lumière, afin que les ténèbres ne vous surprennent point : Celui qui marche dans les ténèbres ne sait où il va. Je suis venu comme une lumière dans le monde, afin que quiconque croit en moi ne demeure pas dans les ténèbres."

LE RÔLE DE LA PUISSANCE DE DIEU DANS CE COMBAT

Le combat naissant, du fait que les œuvres de ténèbres sont exposées et condamnées ; le diable, les démons, multiplieront de force, dans leur malignité ; ils se lanceront dans la bataille contre l'homme que Dieu a envoyé avec, pour mission ; la délivrance des captifs. Car le diable et les démons ont rendu les fils et les filles du royaume, pour des captifs. Ayant créé par tous les moyens, des prisons difficiles de s'y écarter : - Une musique bien coordonnée, avec des séduisantes paroles dans les chansons par exemple. Et finalement, il est difficile à une personne qui y est attachée, d'être détachée. Des genres de danses que, mêmes les croyants ignorants, et lesquelles, ils dansent jusque même dans les temples de Dieu lors des louanges du Seigneur. Dans leur ignorance ; ils ne savent pas que chaque mouvement d'une danse traduit un message, et chaque message définit une expression de sentiment ; ainsi que son sens de créativité, ou son originalité.

– Des ornements pour la beauté d'une femme. Une façon de vouloir porter de la correction sur celle-ci ; en fait, c'est pour dire ; que Dieu avait commis des erreurs dans la création de la femme. Ayant imaginé une forme de représentation particulière ; le malin fit de telle sorte qu'aucune femme ne se sente belle sans ces ornements compliqués. Le but pour le malin est celui de créer une force d'attraction qui ferait que l'homme ait continuellement dans son esprit cette nouvelle image de la femme. Et cela, pour entrainer celui-ci, dans une forme de distraction profonde, sans freins.

Or, si le Créateur nous avait fait de plusieurs couleurs, c'est qu'il sait que cela viendra un jour dans les pensées de l'homme ou de la femme. Ainsi, celui qui veut d'une femme d'une autre couleur, ou d'un homme d'une autre couleur ; ils n'auront qu'à les trouver facilement dans le monde. Mais le malin pour retenir l'humanité dans la captivité, afin de bien la manipuler ; il propose à ceux-ci des moyens de déguisement. Les femmes noires de teint de la peau peuvent appliquer sur leurs peaux des produits qui influencent la pigmentation de la peau, en vue de changer sa couleur. Et allonger les cheveux, pour avoir de long cheveux. Et cela, dans le but de devenir comme des femmes qui portent naturellement de long cheveux. Et à la femme blanche de couleur de la peau, de se bronzer, et couper les cheveux, pour devenir l'image des celles qui naturellement portent des cheveux courts. Jusqu'au point où aujourd'hui, les femmes sont arrivées à des produits qui développent certaines parties de leurs corps physiques. Avec plusieurs formes de théories sur les sexes et les rapports sexuels ; chacun des humains ne trouve plus satisfaction par des moyens naturels de l'homme ou de la femme. Ils se lancent à des moyens artificiels, estimant les grosseurs des sexes mal ou longueur, et elles se donnent au plaisir contre nature. Mais qu'est-ce qui empêcherait à une femme de trouver un homme du genre de ce sexe, au lieu d'utiliser les objets d'une nature destructives ? Or, c'est une façon pour le malin, de faire que les femmes deviennent possédées par les plaisirs sexuels, lesquels ont pour source d'excitation ; les esprits mauvais. Etc., comme ceux-ci n'ont pas de corps physiques ; chaque démon est représenté par un genre de sexe artificiel ; et cela pour posséder à jamais la race humaine. Cette façon de faire fit que de leur côté, les hommes puissent avoir besoin de produits pour augmenter le volume de leurs pénis. Et, comme le sexe artificiel n'est point un humain ; la femme possédée n'arrive plus à être satisfaite par l'homme naturel. Car l'appareil ne dépense aucune énergie, pour facilement se fatiguer ; mais l'homme en dépense ; d'où, impossibilité à l'homme de satisfaire convenablement, la femme d'une telle gourmandise   sexuelle !

L'homme est obligé d'utiliser des produits pouvant lui permettre de se maintenir en érection continue. Et, attirer des conséquences grave dans l'avenir, lesquelles nuiraient à sa santé, ou qui causeraient des maux incorrigibles, dans le système fonctionnel de l'organisme. Il en advient de même aux hommes d'avoir des appareils sexuels femelles. Et, par conséquent, ces hommes ne sont plus satisfaits, ou ne peuvent plus le devenir par voie naturelle. Et, c'est la déroute, la déviation, ou désorientation sexuelles.

Un petit moment d'observation, et de méditation ; on arrive à comprendre que, le malin est en train de réussir dans son plan. Un humain devenu ainsi n'est plus naturel. Il devient artificiel, comme une machine, un robot. Le monde est en train d'être peuplé par des êtres phénoménaux pareils ; d'où, le retour aux temps de Noé reste prévisible. Car, le Seigneur Jésus-Christ avait prédit sur la fin du monde, en comparaison au temps de Noé.

Voir Luc 17v26-27 : " Ce qui arriva du temps de Noé arrivera de même aux jours du Fils de l'homme. Les hommes mangeaient, buvaient, se mariaient et mariaient leurs enfants, jusqu'au jour où Noé entra dans l'arche ; le déluge vint, et les fit tous périr. "

Qu'est-ce qui arriva au temps de Noé ?

Le monde était corrompu. Les pensées des hommes étaient chaque jour orientées vers le mal. Il y avait une telle méchanceté incroyable.

Voir Genèse 6v11-13 : " La terre était corrompue devant Dieu, la terre était pleine de violence. Dieu regarda la terre, et voici, elle était corrompue ; car toute chair avait corrompu sa voie sur la terre. Alors Dieu dit à Noé : La fin de toute chair est arrêtée par devers moi ; car ils ont rempli la terre de violence ; voici, je vais les détruire avec la terre. "

Et, ce temps, il le compare aussi, à ce qui se faisait à Sodome et à Gomorrhe.

Voir Luc 17v28-29 : " Ce qui arriva du temps de Lot arrivera pareillement. Les hommes mangeaient, buvaient, achetaient, vendaient, plantaient, bâtissaient ; mais le jour où Lot sortit de Sodome, une pluie de feu et de soufre tomba du ciel, et les fit tous périr. "

Et, qu'est-ce qui se passa du temps de Lot ?

Les gens de ces villes étaient des pratiquant de la sodomie. Ils faisaient tout, avec même les bêtes, les humains, mâles ou femelles, etc. En un mot ; c'étaient des gens corrompus.

Voir Genèse 19v4-9 : " Ils n'étaient pas encore couchés que les gens de la ville, les gens de Sodome, entourèrent la maison, depuis les enfants jusqu'aux vieillards ; toute la population était accourue. Ils appelèrent Lot, et lui dirent : Où sont les hommes qui sont entrés chez toi cette nuit ? Fais-les sortir vers nous, pour que nous les connaissions. Lot sortit vers eux à l'entrée de la maison, et ferma la porte derrière lui. Et il dit : Mes frères, je vous prie, ne faites pas le mal ! Voici, j'ai deux filles qui n'ont point connu d'homme ; je vous les amènerai dehors, et vous leur ferez ce qu'il vous plaira. Seulement, ne faites rien à ces hommes puisqu'ils sont venus à l'ombre de mon toit. Ils dirent : Retire-toi ! Ils dirent encore : Celui-ci est venu comme étranger, et il veut faire le juge ! Eh bien, nous te ferons pis qu'à eux. Et, pressant Lot avec violence, ils s'avancèrent pour briser la porte. "

La finalité ; Dieu avait détruit le monde de Noé. C'est une façon de dire ; qu'en voyant ces choses ; c'est que la fin du monde est presqu'arrivée. Il reste seulement peut-être des minutes ou des secondes dans l'horloge de Dieu.

A l'époque de Noé ; Dieu avait donné aux anges des corps humains pour accomplir la mission parmi les humains. Celle qui concernerait d'emmener l'humanité dans le chemin de la justice, étant donné qu'Adam était déjà mort, et qu'il n'y avait plus de leader, pour conduire le monde. Et cela, en entendant qu'un leader soit envoyé ou établi, de la part de Dieu. Mais, ayant eu des corps de chair ; les anges ne vont pas supporter la beauté des filles des hommes. Et, ils finirent par tomber amoureux d'elles.

Voir Genèse 6v1,2 : "Lorsque les hommes eurent commencé à se multiplier sur la face de la terre, et que les filles leur furent nées, les fils de Dieu (anges) virent que les filles des hommes étaient belles, et ils en prirent pour femmes parmi toutes celles qu'ils choisirent."

Mais depuis lors, l'Eternel Dieu avait décidé de ne plus mettre son esprit (son ange) dans un corps humain, le corps d'un homme. Et, il décide de raccourcir ou de diminuer la durée de vie terrestre des êtres humains.

Voir Genèse 6v3 : "Alors l'Eternel dit : Mon esprit ne restera pas toujours dans l'homme, car l'homme n'est que chair, et ses jours seront de cent vingt ans."

En vertu donc de cette parole ; il arrivera un temps où les anges ne porteront plus de chair. Et cette période ; c'est celle-ci. C'est pourquoi ; ces démons y compris le diable, ne pouvant plus porter de chair ; ils envoûtent les humains, car eux ont de la chair. Et pour accomplir la folie de leur volonté, ils sont obligés de s'incarner, afin de l'accomplir au travers d'eux. Bien que leur monde, celui des ténèbres fonctionne ainsi ; mais l'objectif principal consiste à retenir captif les fils du royaume, et les maintenir, dans la captivité. C'est-à-dire ; qu'ils ne soient pas délivrés. Or, le message du royaume circule ; c'est comme la voix de Dieu, vers le soir, dans le jardin, à la recherche d'Adam qui était en son temps, égaré !

Voir Genèse 3v8-10 : "Alors ils entendirent la voix de l'Eternel Dieu, qui parcourait le jardin vers le soir, et l'homme et sa femme se cachèrent loin de la face de l'Eternel Dieu, au milieu des arbres du jardin. Mais l'Eternel Dieu appela l'homme, et lui dit : Où es-tu ? Il répondit : J'ai entendu ta voix dans le jardin, et j'ai eu peur, parce que je suis nu, et je me suis caché."

- Je suis nu : « Je suis dans une mauvaise condition ».
– J'ai entendu ta voix : « J'ai entendu la bonne nouvelle ».
– Je me suis caché : « Je me suis égaré ».

Effectivement ; ce sont ces choses qui se font dans ce monde. Aujourd'hui aussi, la bonne nouvelle du royaume fait que les mondains se retrouvent nus. Et, c'est ce qui les ronds furieux. Toutes leurs œuvres sont dehors !
Les fils et filles du royaume, encore nus ; cela est synonyme d'être dans la corruption du péché. Ne sachant plus que faire, quand vient l'Evangile. Ainsi, soit on arrête la course, soit on se cache, pour continuer. Voilà, cette description de l'état de nudité qui caractérise en même temps, et des enfants du malin, et les enfants de Dieu qui sont dans le monde, dans la perdition, pour les uns, et dans leur nature, pour les autres.

Les hommes aussi parviennent de sortir mystiquement de leurs corps, et partent dans un monde d'illusion. Et là, avec les démons, ils se mettent ensembles. Ils reçoivent des instructions dans ce monde qui est invisible, et reviennent, pour les appliquer dans ce monde. C'est-à-dire ; du monde des esprits, pour appliquer dans le monde physique, sous les instructions du diable. C'est cela même, l'autre sens du mot « sabbat », dans le dictionnaire ordinaire. D'après donc le dictionnaire ordinaire ; sabbat veut dire : En dehors du repos sacré et hebdomadaire institué par le Créateur de l'univers ; le rassemblement nocturne des sorciers et des sorcières qui se tient samedi à minuit sous la « superstition » de Satan.

Or, le mot superstition trouve sa définition ici :

« Superstition », croyance ou pratique généralement considérée comme irrationnelle (ou de l'imagination) et résultant de la crainte ou de l'ignorance. Déviation du sentiment religieux, elle implique une croyance dans des forces invisibles et inconnues qui peuvent être influencées par des objets et des rites. La magie, la sorcellerie et les sciences occultes en général sont souvent considérées comme des superstitions. C'est-à-dire, qui est de l'occultisme. Croire que la malchance poursuivra la personne devant laquelle passe un chat noir ou qu'un quelconque malheur atteindra celle qui passe sous une échelle sont des exemples de superstitions courantes. Les porte-bonheurs, tels que les fers à cheval, les pattes de lapin, les pièces, les médaillons et les médailles religieuses, sont souvent conservés ou portés pour éviter les mauvais esprits ou pour porte-chance.

En général, les pratiques et les croyances superstitieuses sont plus fréquentes dans les situations impliquant un degré élevé de risque, de hasard et d'incertitude, et en période de stress ou de crise personnelle ou sociale, lorsque les événements semblent dépasser le contrôle humain. Cependant, définir ce qui relève ou non de la superstition est un problème relatif.

Voilà, de quelle manière se passe les réunions de Satan, en ce jour de samedi présenté ici, comme une autre définition du mot sabbat. Ainsi, il est clair que, Satan contrôle une grande partie de l'humanité.

Pour les fils du malin ; toutes ces pratiques ne font pas du mal ; car elles relèvent toutes, de leur nature. Mais, pour les fils du royaume ; c'est contre leur nature. Et cela les conduit à la perdition. C'est pourquoi, le Seigneur Jésus-Christ disait : Voir Matthieu 15v24 :

"J'ai été envoyé seulement vers les brebis perdues de la maison d'Israël (Israël de Dieu). …''

Ce qui retient captif les fils du royaume ; est que ceux-ci ne peuvent pas sortir d'eux-mêmes de ces prisons. C'est-à-dire, avec leur propre force. Lesquelles *des prisons, le diable a fermé très surement. Ainsi, c'est impossible de s'en sortir !*

Voilà pourquoi, l'importance des missionnaires.

Ceux qui sont des missionnaires ; ce ne sont pas des gens qui sont appelés à parcourir toute la terre ; mais qui sont envoyés, à aller délivrer les fils et les filles du royaume de la prison satanique, où ils se trouvent. Il faut alors suffisamment de la puissance, pour accomplir une telle mission. Mais de la puissance qui vient de Dieu. Selon ce qui se trouve dans le livre des Actes 1v8 :

" Mais vous recevrez une puissance, le Saint-Esprit survenant sur vous, et vous serez mes témoins (les annonciateurs de l'Evangile) à Jérusalem, dans toute la Judée, dans la Samarie, et jusqu'aux extrémités de la terre. "

Sans cette puissance ; la mission est impossible d'être accomplie. Car, comment alors, se tenir devant une puissance opposée, sans être investi d'une puissance supérieure à celle de l'adversaire ?

La puissance permettra que la voix de Jésus parvienne dans l'entendement du cœur des fils et des filles du royaume. Car, cette voix du Seigneur ne pourra pas leur parvenir s'il n'y'a personne qui annonce le message, lequel qui ne soit revêtue de la puissance d'en haut. Cette puissance dégage une force qui impose aux serpents et aux scorpions (ou démons), et aux humains qui exercent les forces du mal (les fils du malin), de suivre les ordres qui sont donnés par le ministre de la parole. Ainsi, ils sont tous propulsés en dessous du pouvoir qu'exerce le missionnaire. En outre, le missionnaire se met au-dessus de toute la force ou toute la puissance utilisée par le malin. Ainsi, il commande au malin, il lui impose une conduite à tenir. Et, celui-ci ne fait qu'obéir ! La puissance reçue du ciel, réduit et rend inefficace, toute la puissance du malin ; dans ce sens que rien de l'ennemi ne pourra nuire au missionnaire. Et, cette capacité vient de celui qui envoie le missionnaire en mission. Donc, le missionnaire porte en lui des armes défensives et offensives.

"Si nous marchons dans la chair, nous ne combattons pas selon la chair. Car les armes avec lesquelles nous combattons ne sont pas charnelles ; mais elles sont puissantes, par la vertu de Dieu, pour renverser des forteresses. Nous renversons les raisonnements et toute hauteur qui s'élève contre la connaissance de Dieu, et nous menons toute pensée captive (en prison) à

l'obéissance de Christ. Nous sommes prêts aussi à punir toute désobéissance, lorsque votre obéissance sera complète." (2 Corinthiens 10v3-6)

POURQUOI LES FAUX ET LES VRAIS DOIVENT-ILS DEMEURER ENSEMBLE ?

Les fils et les filles du royaume doivent demeurer ensemble avec les fils et les filles du malin, pour des raisons très spécifiques. Le mal a un rôle qu'il joue auprès du bien. C'est-à-dire ; que, c'est à partir du mal, qu'on reconnait le bien. Et d'autre part ; le bien joue également un rôle auprès du mal. Car, c'est à partir de lui que l'on arrive à comprendre, ce que c'est le mal.

Ainsi, Dieu a laissé ses fils et filles ensemble avec les enfants du diable, pour des raisons diverses.

- Il est vrai, qu'il a été dit au ouvriers : « Ne déracinez point, de peur qu'on déracinant, que vous ne déracinez en même temps le blé ! » Cela, dans le livre de Matthieu 13v29 :

" Non, dit-il, de peur qu'en arrachant l'ivraie, vous ne déraciniez en même temps le blé. "

- La deuxième raisons, n'est pas présentée ici, dans le livre de Matthieu. Mais, dans la circonstance d'installation des enfants d'Israël, dans la terre promise. En effet, il y avait des territoires que Josué n'avait pas conquis, lesquels, Dieu va laisser que les peuples vivent ensemble, avec les enfants d'Israël. Et, des peuples étrangers que l'Eternel Dieu avait laissé sortir ensemble avec les enfants d'Israël, de l'Egypte.

1- Les ramassis ; dans le livre d'Exode 12v37-38 :

" Les enfants d'Israël partirent de Ramsès pour Succoth au nombre d'environ six cent mille hommes de pied, sans les enfants. Une multitude de gens de toute espèce montèrent avec eux ; ils avaient aussi des troupeaux considérables de brebis et de bœufs. "

Le rôle important que ceux-ci jouèrent auprès des enfants d'Israël ; c'est qu'ils ont permis à ceux-ci, d'extérioriser ce que les enfants d'Israël étaient vraiment, bien qu'ils soient délivrés de l'esclavagisme, par l'Eternel. Tel, il est écrit dans le livre des Nombres 11v4-6 :

" Le ramassis de gens qui se trouvaient au milieu d'Israël fut saisi de convoitise ; et même les enfants d'Israël recommencèrent à pleurer et dirent : Qui nous donnera de la viande à manger ? Nous nous souvenons des poissons

que nous mangions en Égypte, et qui ne nous coûtaient rien, des concombres, des melons, des poireaux, des oignons et des aulx. Maintenant, notre âme est desséchée : plus rien ! Nos yeux ne voient que de la manne. "

N.B : C'est déjà ici, l'un des points qui sert à prouver devant les anges élus ; que certains des fils et filles du royaume, refuseront leur Dieu, à cause du comportement qu'ils hériteront de ceux du diable. C'est que l'on a vu un peu en amant, dans le livre de Matthieu, sur des serviteurs infidèles.

Voir Matthieu 24v48-51 : " Mais, si c'est un méchant serviteur, qui dise en lui-même : Mon maître tarde à venir, s'il se met à battre ses compagnons, s'il mange et boit avec les ivrognes, le maître de ce serviteur viendra le jour où il ne s'y attend pas et à l'heure qu'il ne connaît pas, il le mettra en pièces, et lui donnera sa part avec les hypocrites : c'est là qu'il y aura des pleurs et des grincements de dents. "

Donc, le rôle d'une part de ceux-ci ; c'est pour éprouver ceux qui se disent être enfants de Dieu ; et ils le sont bien sûr ! Mais lesquels par ailleurs, sont capables d'abandonner leur Maître Jésus-Christ ; pour la jouissance éphémère de ce monde.

N.B : L'Eternel Dieu avait finalement décidé, de ne plus chasser les peuples des territoires que laissa Josué, serviteur de l'Eternel, successeur de Moïse, suite à la   fin   de   ses   jours   ici-bas. Et, pour que les générations qui viendront à naître ensuite, lesquels n'auront point connues les guerres, puissent être éprouvées, en ce qui concerne la connaissance de l'Eternel. Que ces peuples restent, afin d'éprouver ceux-ci. Tel qu'on pourrait lire dans le livre des Juges 2v1-4, 20-23 :

" Un envoyé de l'Éternel monta de Guilgal à Bokim, et dit : Je vous ai fait monter hors d'Égypte, et je vous ai amenés dans le pays que j'ai juré à vos pères de vous donner. J'ai dit : Jamais je ne romprai mon alliance avec vous ; et vous, vous ne traiterez point alliance avec les habitants de ce pays, vous renverserez leurs autels. Mais vous n'avez point obéi à ma voix. Pourquoi avez-vous fait cela ? J'ai dit alors : Je ne les chasserai point devant vous ; mais ils seront à vos côtés, et leurs dieux vous seront un piège. Lorsque l'envoyé de l'Éternel eut dit ces paroles à tous les enfants d'Israël, le peuple éleva la voix et pleura. Alors la colère de l'Éternel s'enflamma contre Israël, et il dit : Puisque cette nation a transgressé mon alliance que j'avais prescrite à ses pères, et puisqu'ils n'ont point obéi à ma voix, je ne chasserai plus devant eux

aucune des nations que Josué laissa quand il mourut. C'est ainsi que je mettrai par elles Israël à l'épreuve, pour savoir s'ils prendront garde ou non de suivre la voie de l'Éternel, comme leurs pères y ont pris garde. Et l'Éternel laissa en repos ces nations qu'il n'avait pas livrées entre les mains de Josué, et il ne se hâta point de les chasser. "

Voilà, la cause, celle qui fit que, les enfants d'Israël restent ensemble avec les enfants d'autres nations.

Mais Pourquoi agissait-il ainsi ?

Ces peuples avaient permis aux enfants d'Israël, ceux qui n'avaient pas connu la guerre, de connaître ce que c'est la guerre. Ainsi, ils auraient égard à l'Eternel leur Dieu, comme l'avaient été leurs pères. Tel qu'il est écrit dans le livre des Juges 3v1-6 :

" Voici les nations que l'Éternel laissa pour éprouver par elles Israël, tous ceux qui n'avaient pas connu toutes les guerres de Canaan. Il voulait seulement que les générations des enfants d'Israël connussent et apprissent la guerre, ceux qui ne l'avaient pas connue auparavant. Ces nations étaient : les cinq princes des Philistins, tous les Cananéens, les Sidoniens, et les Héviens qui habitaient la montagne du Liban, depuis la montagne de Baal-Hermon jusqu'à l'entrée de Hamath. Ces nations servirent à mettre Israël à l'épreuve, afin que l'Éternel sût s'ils obéiraient aux commandements qu'il avait prescrits à leurs pères par Moïse. Et les enfants d'Israël habitèrent au milieu des Cananéens, des Héthiens, des Amoréens, des Phéréziens, des Héviens et des Jébusiens ; ils prirent leurs filles pour femmes, ils donnèrent à leurs fils leurs propres filles, et ils servirent leurs dieux. "

La réponse se trouve dans les passages suivants :

Ainsi, les enfants du diable doivent quelques parts rester avec les enfants de Dieu, afin que, par des luttes acharnées que créent les enfants du diable, n'importe comment, grâce aux pratiques occultes nuisibles, et autres ; que, les enfants de Dieu, puissent avoir des égards, pour leur Dieu. Et, c'est ce qui permettrait que les enfants qui aiment Dieu, soient reconnus par leurs comportements par rapport aux combats de la part du diable et de ses enfants. Comme, on peut le lire ici :

Voir 1 Corinthiens 15v33 : " Ne vous y trompez pas : les mauvaises compagnies corrompent les bonnes mœurs. "

Et, ceci, également permettra que les enfants de Dieu obéissant à leur Père soient connus. Ainsi, les obéissants feront la volonté de leur Père, quelques soient les tentations qu'ils auront à rencontrer. Mais, les désobéissants également, par rapport à leur détournement du bon chemin, qu'ils soient également connus. Ainsi, seront comparés tous deux, aux enfants dont décrit cette parabole, écrite dans le livre de Matthieu 21v28-31 :

" Que vous en semble ? Un homme avait deux fils ; et, s'adressant au premier, il dit : Mon enfant, va travailler aujourd'hui dans ma vigne. Il répondit : Je ne veux pas. Ensuite, il se repentit, et il alla. S'adressant à l'autre, il dit la même chose. Et ce fils répondit : Je veux bien, seigneur. Et il n'alla pas. Lequel des deux a fait la volonté du père ? Ils répondirent : Le premier. Et Jésus leur dit : Je vous le dis en vérité, les publicains et les prostituées vous devanceront dans le royaume de Dieu. "

Voilà donc comment peut-on découvrir les enfants de Dieu qui sont obéissants, et les enfants de Dieu, qui sont désobéissants. Lesquels font honte à leur Père. Ainsi, il y aura des lieux différents pour ces enfants de Dieu. Car, chacun des groupes rependront à leurs mérites. C'est ainsi que ce feront leurs orientations. Et, ceux qui ne sont pas obéissants, iront à la fin dans les ténèbres du dehors. Mais pas dans le royaume de leur Père. Tel qu'on pourrait lire dans Matthieu 8v12 : " Mais les fils du royaume seront jetés dans les ténèbres du dehors, où il y aura des pleurs et des grincements de dents. Puis Jésus dit au centenier : Va, qu'il te soit fait selon ta foi. Et à l'heure même le serviteur fut guéri. "

Tandis que, les enfants obéissants iront dans le royaume de leur Père. Et là, ils brilleront comme le soleil. Tel que l'on peut lire dans le livre de Matthieu 13v43 :

" Alors les justes resplendiront comme le soleil dans le royaume de leur Père. Que celui qui a des oreilles pour entendre entende. "

LES COMPAGNONS DU MESSAGE DU ROYAUME

Le message du royaume ne consiste pas seulement en parole, mais en une démonstration de la puissance d'en haut. C'est ce que nombreux des humains ne peuvent comprendre. Le message du royaume de Dieu, déstabilise le diable, et l'affaibli. De telle sorte que, il perd non seulement sa force ; mais aussi sa présence s'efface du lieu des opérations des œuvres de la lumière. Les occultistes seuls, et les démons, ainsi que leur chef Satan, savent les maux qu'ils endurent lors que le message du royaume est annoncé. Alors, ils sont totalement étouffés. Et, pour éviter tout cela ; il faudrait également, empêcher les fils et les filles du royaume de parler de Dieu, et de sa parole. Car, parler de Dieu, et de sa parole est une façon d'inviter les êtres célestes sur la terre. Et, lorsque, ceux-ci viennent, ils descendent des cieux, avec la gloire de Dieu. Satan et les démons ne supportent pas cette gloire. Car, eux aussi, devront entrer obligatoirement dans l'adoration du Dieu vivant. Tel qu'il est écrit dans l'épître de Jacques 2v19 :

" Tu crois qu'il y a un seul Dieu, tu fais bien ; les démons le croient aussi, et ils tremblent. "

Donc, la parole de Dieu, lorsqu'elle est annoncée, produit des effets extraordinaires, du jamais vus, tant dans le monde spirituel que dans le monde physique. Ainsi, prêcher la parole de Dieu, conduit à une démonstration de la puissance de Dieu. Tel qu'il est écrit dans l'épître de, 1 Corinthiens 2v4,5 :

"Et ma parole et ma prédication ne reposaient pas sur les discours persuasifs de la sagesse, mais sur une démonstration d'Esprit et de puissance, afin que votre foi fut fondée, non sur la sagesse des hommes, mais sur la puissance de Dieu."

Le message est véhiculé par une grande puissance, au point où tout ce qui se trouve déranger par la très petite puissance, et insignifiante du malin rentrent en ordre. Car, les démons s'éparpillent, et fuient en débandade, chacun sa direction. Les humains que les démons pouvaient retenir dans des infirmités devraient lâcher les personnes qu'ils détenaient, et s'en fuir. Tel qu'il est écrit dans le livre des Actes 5v14-16 :

" Le nombre de ceux qui croyaient au Seigneur, hommes et femmes, s'augmentait de plus en plus ; en sorte qu'on apportait les malades dans les rues et qu'on les plaçait sur des lits et des couchettes, afin que, lorsque Pierre passerait, son ombre au moins couvrît quelqu'un d'eux. La multitude accourait aussi des villes voisines à Jérusalem, amenant des malades et des gens tourmentés par des esprits impurs ; et tous étaient guéris. "

Lorsque l'Evangile est prêché ; ceux qui croient vivent automatiquement des miracles, s'ils ont des cas qui nécessiteraient une démonstration de puissance. Ainsi, on peut lire dans le livre de Marc 16v17-18 :

"Voici les miracles qui accompagneront ceux qui auront cru : En mon nom, ils chasseront les démons ; ils parleront de nouvelles langues ; ils saisiront les serpents ; s'ils boivent quelque breuvage mortel, il ne leur fera point de mal ; ils imposeront les mains aux malades, et les malades, seront guéris."

Le message du royaume de Dieu ne peut pas être prêché, et les gens restent avec les handicapes, tel qu'ils étaient venus, si, ils ont cru. Les prodiges et les miracles accompagnent toujours ce message. Tel, il est écrit dans le livre de Matthieu, lorsque le Seigneur envoya les apôtres en mission dit-il : Voir Matthieu 10v7,8 :

"Allez, prêchez, et dites : Le royaume de cieux est proche. Guérissez les malades, ressuscitez les morts, purifiez les lépreux, chassez les démons …"

Le message du royaume de Dieu est accompagné d'une grande puissance, laquelle se manifeste sur ceux, sur qui, il descend, lesquels qui écoutent, et qui croient à ce message ; une grande force qui pousse aux miracles de s'accomplir de façon extraordinaire. Tel que : Guérison des malades, résurrection des morts, purification des lépreux, fuite des démons (car les démons envoûtent, rendent infirme, etc.). Retransmission du Saint-Esprit aux croyants.

REMARQUES TRES IMPORTANTES 4

Le Saint-Esprit est donné aux hommes de trois façons. Il est reçu par les croyants par l'imposition des mains, lors d'une forte activité de prière. Et, c'est le cas avec les disciples, le jour de la Pentecôte.

Voir Actes 2v1-2 : " Le jour de la Pentecôte, ils étaient tous ensemble dans le même lieu. Tout à coup il vint du ciel un bruit comme celui d'un vent impétueux, et il remplit toute la maison où ils étaient assis. Des langues, semblables à des langues de feu, leur apparurent, séparées les unes des autres, et se posèrent sur chacun d'eux. Et ils furent tous remplis du Saint-Esprit, et se mirent à parler en d'autres langues, selon que l'Esprit leur donnait de s'exprimer. "

Le Saint-Esprit est encore reçu, en pleine prédication de la parole de Dieu ; comme le fut le cas, avec l'apôtre Pierre, dans la maison de Corneille. Tous ceux écoutaient Pierre prêché, étaient remplis du Saint-Esprit. Car, leur attention, à eux tous, était orientée vers la prédication. Voir Actes 10v44 :

" Comme Pierre prononçait encore ces mots, le Saint-Esprit descendit sur tous ceux qui écoutaient la parole. Tous les fidèles circoncis qui étaient venus avec Pierre furent étonnés de ce que le don du Saint-Esprit était aussi répandu sur les païens. "

Il est aussi reçu par l'imposition des mains. Et, cela peut être vu, lorsque Jean et Pierre, envoyés par l'Eglise de Jérusalem, par suite de la visitation par le Seigneur, de la Samarie, par le canal de son serviteur Philippe l'Evangéliste. Tel, il est écrit dans le livre des Actes 8v17 :

" Alors Pierre et Jean leur imposèrent les mains, et ils reçurent le Saint-Esprit. "

Le Saint-Esprit, lorsqu'il vient dans sa manifestation chez l'homme, il se manifeste en deux niveaux. Soit sur la chair (le premier niveau), puis dans le corps (le deuxième niveau) :

Dans le premier niveau ; le Saint-Esprit se manifeste par les dons de l'Esprit, dans la vie du croyant. Le croyant vit en ce moment-là, le surnaturel. Voir dans le livre de Joël 2v28 :

" Après cela, je répandrai mon esprit sur toute chair ; vos fils et vos filles prophétiseront, vos vieillards auront des songes, et vos jeunes gens des visions. "

REMARQUES TRES IMPORTANTES 5

Lorsque donc les dons de l'Esprit se manifestent dans une personne. Cela ne tient pas compte de sa nature. Car la prophétie annoncée dit que l'Esprit sera répandu sur toute chair. On ne dit pas ; sur la chair soit d'un converti, ou sur celle d'un non converti ! A cause de cela, il se trouvent dans le monde, des gens qui se conduisent males ; mais, lesquels en qui, les dons de l'Esprit agissent. Puis, ils se passent des vrais serviteurs de Dieu. Tandis que, ce ne sont pas les dons de l'Esprit qui font un homme ; un serviteur de Dieu !

Et à la suite ; le Saint-Esprit continuait à se poser sur les croyants, et permettre en même temps la manifestation des dons de l'Esprit. Mais seulement, il est important d'examiner les croyants, de façon tout à fait particulière.

N.B : Le Saint-Esprit étant le conducteur des croyants, et, c'est lui qui apporte les dons spirituels dans la vie de ceux-ci ; tant qu'il sera en permanence dans l'Eglise du Seigneur Jésus-Christ ; les dons du Saint-Esprit ne pourront jamais être arrêtés de se manifester. Ainsi, dire que le temps des miracles par exemple est déjà passé, comme disent nombreux de ceux qui ne comprennent pas, ce qu'ils disent au sujet du Saint-Esprit ; c'est une façon indirecte de dire que, le Saint-Esprit n'agit plus dans les croyants. Or, sans le Saint-Esprit ; on ne peut pas se dire croyant ! Car, il est écrit : « Sans moi, vous ne pouvez rien faire ! »

Voir Jean 15v5 : " Je suis le cep, vous êtes les sarments. Celui qui demeure en moi et en qui je demeure porte beaucoup de fruit, car sans moi (le Seigneur) vous ne pouvez rien faire. "

Cependant, le Seigneur ; c'est « l'Esprit », comme il est écrit, dans le livre de 2 Corinthiens 3v17 :

" Or, le Seigneur c'est l'Esprit ; et là où est l'Esprit du Seigneur, là est la liberté. "

Ainsi, le Seigneur reste avec les croyants, en esprit. Tel qu'il avait dit : « Voici, je suis avec vous tous les jours, jusqu'à la fin du monde ! »

Voir Matthieu 28v20 : " et enseignez-leur à observer tout ce que je vous ai prescrit. Et voici, je suis avec vous (en Esprit) tous les jours, jusqu'à la fin du monde. "

Et encore : « Il (le Saint-Esprit) vous conduira ! Et, vous annoncera des choses avenir ! »

Voir Jean 16v13 : " Quand le consolateur sera venu, l'Esprit de vérité, il vous conduira dans toute la vérité ; car il ne parlera pas de lui-même, mais il dira tout ce qu'il aura entendu, et il vous annoncera les choses à venir. "

Or, si le temps des miracles est passé ; alors, le temps de l'Esprit est passé. Maintenant, comment seront conduits les croyants ? Et, qui leur annoncera les choses avenirs ? Il est donc sans preuves contraires, que le temps de l'Esprit, et celui de ses miracles ne sont pas à leurs termes. Car, l'Eglise n'est pas encore enlevée.

LES CROYANTS

Lorsque dans la Bible ; on fait allusion aux croyants, il s'agit de deux sortes :

Les croyants qui sont convertis, et les croyants non convertis. En d'autre terme ; ceux qui ont écouté et accepté, puis ils ont suivi ou pratiqué, ce qu'ils ont accepté. Et, ceux qui ont écouté, acceptés, mais qui n'ont pas suivi, ou pratiqué, ce qu'ils ont écouté, et accepté. Cela est simple ! Il y'a deux sortes de bétails dans le même troupeau : Il y'a des brebis et des boucs. C'est qu'il y a des croyants de deux espèces. Tel qu'on peut lire, en ce qui concerne leur destination finale.

Voir Matthieu 25v32,33 : "Toutes les nations seront assemblées devant lui. Il séparera les uns d'avec les autres, comme le berger sépare les brebis d'avec les boucs ; et il mettra les brebis à sa droite, et les boucs à sa gauche."

Dans cette séparation ; les brebis ; ceux qui seront à sa droite iront dans le royaume de Dieu. Ce sont donc les fils du royaume. Voir Matthieu 25v34 :

"Alors le roi dira à ceux qui seront à sa droite : Venez, vous qui êtes bénis de mon Père ; prenez possession du royaume qui vous a été préparé dès la fondation du monde."

Il en sera de-même pour des boucs, ceux-là qui seront à sa gauche ; il s'agit des fils du malin. Voir Matthieu 25v41 :

"Ensuite il (le roi) dira à ceux qui seront à sa gauche : Retirez-vous de moi, maudits, ; allez dans le feu éternel qui a été préparé pour le diable et ses anges."

Cette façon de se manifester de l'Esprit de Dieu ne suit que la prophétie annoncée par le prophète Joël ; En ce qui concerne le fait de "croire" ; nombreux s'embrouillent là-dessus. Il y'a une grande différence entre croire et se convertir, et croire sans se convertir. Car Satan et les démons aussi croient. Mais, ils ne se convertissent pas ! Voir Jacques 2v19 :

"Tu crois qu'il y'a un seul Dieu, tu fais bien ; les démons aussi croient et ils tremblent."

Un jour, pendant que le Seigneur Jésus-Christ enseignait avec autorité ; un démon prit de peur, s'écria d'une voix forte, car il était pris de peur. Les démons croient que le Seigneur Jésus-Christ est le Saint de Dieu. Donc, les démons aussi, bien qu'ils n'arrêtent pas avec leurs pratiques de faire le mal, et de nuire aux brebis perdues, ils savent quand-même que, le Christ est le Saint de Dieu. Tel, il est écrit dans le livre de Marc 1v23,24 :

"Il se trouva dans leur synagogue un homme qui avait un esprit impur et qui s'écria : Qu'y a-t-il entre nous et toi, jésus de Nazareth ? Tu es venu pour nous perdre. Je sais que tu es le Saint de Dieu."

Satan, entant que croyant qui ne peut se convertir ; il se passe d'un ange de lumière. Car, son but reste le même devant les croyants humains qui se convertissent : Voler, détruire, égorger, tel, il est écrit dans Jean 10v10 :

" Le voleur (le diable) ne vient que pour dérober, égorger et détruire ; moi, je suis venu afin que les brebis aient la vie, et qu'elles soient dans l'abondance. "

Pour le faire ; il doit se déguiser en ange de lumière ; c'est-à-dire qu'il doit prendre la forme d'un ange de Dieu.

Voir 2 Corinthiens 11v14 : "Cela n'est pas étonnant, puisque Satan lui-même se déguise (ou se passe) en ange de lumière (en ange de Dieu)."

Et, ses fils, lesquels, il envoie en mission dans l'Eglise du Seigneur, pour égarer les âmes, eux aussi se déguisent en apôtres de Christ, ou serviteurs de Christ Voir 2 Corinthiens 11v13 :

"Ces hommes-là sont de faux apôtres, déguisés en apôtres de Christ."

Ces déguisés sont fils du malin, des êtres humains qui ont le Saint-Esprit sur eux ; mais pas en eux. Ils ne sont donc pas, et ne peuvent êtres des temples du Saint-Esprit. Mais toutefois, certains feront des miracles, car ils se trouvent parmi les fidèles du Seigneur ; qui sont des fils du royaume. L'objectif de ces déguisés est celui de ravir les fils du royaume, pour les faire retourner dans le royaume des ténèbres, où Satan les attend. Voir Matthieu 7v15 :

"Gardez-vous des faux prophètes. Ils viennent à vous en vêtement de brebis, mais au-dedans se sont des loups ravisseurs."

Ainsi ; ces fils du malin déguisés en serviteurs de Christ, vont manifester des prophéties vraies, des miracles vrais, et chassé beaucoup de démons dans leurs ignorances. Croyant qu'ils seront sauvés pour cela, or qu'au fond, non ! Car ils ne figurent pas parmi les fils du royaume. Et leur part sera dans le feu. Ainsi, tout ce qu'ils sont en train de faire ; ce n'est que remplir la mission de vengeance de leur père, le diable, qui veut à tout prix, les fils et les filles du royaume de Dieu, partent avec lui, dans le feu éternel. Alors, s'ils font aussi *des mêmes choses que, ce que font les vrais serviteurs de l'Evangile, c'est pour dire que, eux aussi, ce sont faits membres du corps de Christ. C'est pourquoi, Dieu commencera par juger l'Eglise, avant l'enlèvement de celle-ci. Afin d'y retrancher, les faux ! Tel qu'il est écrit dans l'épître de 1 Pierre4v17 :*

" Car c'est le moment où le jugement va commencer par la maison de Dieu. Or, si c'est par nous qu'il commence, quelle sera la fin de ceux qui n'obéissent pas à l'Évangile de Dieu ? "

Et, en ce temps-là, ceux du diable, qui se croyaient être de Dieu, se mettront à dire, pour leur défense ; malgré qu'ils se comportaient mal, pourquoi alors, les prophéties, les miracles se faisaient-ils ? Et, pourquoi, les démons leurs étaient-ils soumis ? En un mot ; c'est de là que partira leur moyen de défense, mais en vain. On peut le lire dans le livre de Matthieu 7v21-23 :

" Ceux qui me disent : Seigneur, Seigneur ! n'entreront pas tous dans le royaume des cieux, mais celui-là seul qui fait la volonté de mon Père qui est dans les cieux. Plusieurs me diront en ce jour-là (jour du jugement) : Seigneur, Seigneur, n'avons-nous prophétisé par ton nom ? Et n'avons-nous pas chassé des démons par ton nom ? Et n'avons pas fait beaucoup de miracles par ton nom ? Alors je leur dirai ouvertement : Je ne vous ai jamais connu, retirez-vous de moi, vous qui commettez l'iniquité."

Ainsi, il y'a des croyants qui sont des fils du royaume ; les brebis du Seigneur Jésus-Christ. Ceux pour qui, il s'était donné la mort, pour les sauver du feu éternel. Ces croyants lorsqu'ils entendent les paroles du royaume, ils croient, se repentent, et se convertissent. A eux le ROYAUME DE DIEU !

N.B : L'ange qui travaille à cette époque ici, c'est celui à qui, il a été confiée l'Evangile éternel. Dieu étant bien ordonné ; toute personne qui n'a pas été appelée, ne peut pas travailler, ni être en contact avec cet ange. Voir Apocalypse 14v6 :

"Je vis un autre ange qui volait par le milieu du ciel, ayant un Evangile éternel, pour annoncer aux habitants de la terre, à toute nation, à toute tribu, à toute langue, et à tout peuple."

Le message annoncé par l'ange dans toute langue demande au peuple, les fils du royaume de Dieu, de sortir de partout où ils se trouvent, où le malin domine, les cercles qui appartiennent au diable, et ses associations, ses religions et sectes. Voir Apocalypse 18v4 :

"Et j'entendus du ciel une autre voix qui disait : Sortez du milieu d'elle, mon peuple, afin que vous ne participez point à ses péchés, et que vous n'ayez point part à ses fléaux."

En somme, si l'on parle dans cet ouvrage des fils et filles de Dieu, en différence avec les fils et filles du malin ou le diable ; c'est pour emmener à comprendre, que le monde que nous voyons, n'est point un fait de hasard. Il a été conçu, pour des raisons valables. Celles qui se basent à la séparation des êtres humains, afin que les enfants de Dieu ne marchent plus dans la confusion, et de cette façon, ils sauveraient leurs âmes du feu éternel. Le commandement, en forme de promesse, faite à Adam : Multipliez-vous, remplissez la terre, dans les cieux, assujettissez-là ! Que ce commandement, trouve son accomplissement sur cette terre, à une seule différence ; que, tous les humains en Adam, sortent dans ce monde, pour le triage, afin qu'au ciel, ne se retrouvent pas les fils et les filles du malin. Car, cela permettrait à Satan, de se venger continuellement contre les fils et les filles de Dieu. Ainsi, par le moyen de cette séparation ; chacun des groupes ira dans un lieu qui lui serait propre.

TABLE DES MATIERES

Introduction .... P. 2

Les êtres humains .... P. 3-5

L'origine des humains .... P. 5-8

L'homme dans les cieux et son environnement .... P. 8-10

L'homme avec son corps sain .... P. 10-11

Le jardin d'Eden ou Paradis .... P. 12

Qu'est-ce qui se trouvait dans ce jardin ? .... P. 12-17

La perte de légitime avec ses conséquences .... P. 17-19

La manifestation de la pensée de Dieu .... P. 19-21

La création du corps humain .... P. 21-28

Remarques très importantes 1 .... P. 28

Création de l'environnement nouveau .... P. 28-31

Comment cela se passe-t-il dans le plan divin .... P. 31-33

Remarques très importantes 2 .... P. 33-39

Jean ouvre la porte .... P. 39-41

L'homme sur la terre .... P. 41-49

La nature secondaire de Lucifer (ex. ange de lumière) .... P. 49-50

Le dragon .... P. 50-51

Remarques très importantes 3 .... P. 51-55

Les organisations spirituelles des fils du malin .... P. 55-57

Les œuvres des ténèbres .... P. 57-60

Le monde des ténèbres (sa puissance) .... P. 60-64

La délivrance des fils et des filles du royaume .... P. 64-68

Quelques ministres et leurs anges de la mission .... P. 68-77

Le déroulement du combat pour la délivrance .... P. 77-82

Le rôle de la puissance de Dieu dans ce combat .... P. 82-89

Pourquoi les faux et le vrai doivent-ils demeurer ensemble ? .... P. 89-92

Les compagnons du message du royaume des cieux .... P. 92-94

Remarques très importantes 4 .... P. 94-95

Remarques très importantes 5 .... P. 95-96

Les croyants .... P. 96-100

I want morebooks!

Buy your books fast and straightforward online - at one of world's fastest growing online book stores! Environmentally sound due to Print-on-Demand technologies.

Buy your books online at
www.morebooks.shop

Achetez vos livres en ligne, vite et bien, sur l'une des librairies en ligne les plus performantes au monde!
En protégeant nos ressources et notre environnement grâce à l'impression à la demande.

La librairie en ligne pour acheter plus vite
www.morebooks.shop

MIX
Papier aus verantwortungsvollen Quellen
Paper from responsible sources
FSC® C105338

Printed by Books on Demand GmbH, Norderstedt / Germany